"双碳"理念与
经济高质量发展研究

周荻楠　著

中国商务出版社

图书在版编目（CIP）数据

"双碳"理念与经济高质量发展研究 / 周荻楠著
. - 北京：中国商务出版社，2022.2
ISBN 978-7-5103-4165-6

Ⅰ.①双… Ⅱ.①周… Ⅲ.①中国经济－低碳经济－
研究 Ⅳ.①F124.5

中国版本图书馆 CIP 数据核字(2021)第 258182 号

"双碳"理念与经济高质量发展研究
"SHUANGTAN" LINIAN YU JINGJI GAOZHILIANG FAZHAN YANJIU
周荻楠　著

出版发行	中国商务出版社	
社　　址	北京市东城区安定门外大街东后巷 28 号　　邮政编码：100710	
网　　址	http://www. cctpress. com	
电　　话	010-64212247	010-64218072
	010-64208388	010-64515137
责任编辑	刘玉洁	
排　　版	张会丽	
印　　刷	北京市兴怀印刷厂	
开　　本	710 毫米×1000 毫米　1/16	
印　　张	10.5	
版　　次	2023 年 3 月第 1 版	印　　次　2023 年 3 月第 1 次印刷
字　　数	188 千字	定　　价　79.00 元

前　　言

我国明确提出，"2030 年前实现碳达峰，2060 年前实现碳中和"。显然，实现"双碳"目标将为我国的产业变革带来深远影响，有利于推动构建国内国际双循环新发展格局和促进经济高质量发展。作为世界上最大的发展中国家，我国在实现这一目标的道路上面临着诸多困难和挑战。

党的十九大报告指出，建设生态文明是中华民族永续发展的千年大计。我国力争 2030 年前实现碳达峰，2060 年前实现碳中和，其目的之一就是要从根本上改变高碳经济的发展模式。长期以来，我国实施积极应对气候变化国家战略，参与和引领全球气候治理，有力促进了生态文明建设。我国要在 2060 年前实现碳中和目标，这既涉及国内重点行业和领域的能源结构调整，又关系到错综复杂的国际形势，也给经济贸易的发展和低碳技术的进步带来了巨大的不确定性。

全书共分七章：第一章主要阐述了"双碳"理念的提出与解读的内容；第二章主要阐述了高质量发展的时代解读的内容；第三章主要阐述了"双碳"理念驱动经济高质量发展的内容；第四章主要阐述了构建绿色金融制度保障体系，促进经济稳固发展的内容；第五章主要阐述了构建能源体系，促进经济绿色发展的内容；第六章主要阐述了发展绿色科技，促进经济低碳发展的内容；第七章主要阐述了着力构建绿色交通体系，促进经济健康发展的内容。

为了确保研究内容的丰富性和多样性，作者在撰写过程中借鉴了很多专家学者的理论与研究成果，在此表示衷心的感谢。

由于作者水平有限，加之时间仓促，本书难免存在疏漏，恳请读者朋友批评指正！

作　者

2022 年 1 月

目　　录

第一章 "双碳"理念的提出与解读

第一节 碳达峰与碳中和的提出

碳达峰指二氧化碳排放量在某一个时间点达到最大值，之后逐步回落；碳中和则指在一段时间内，特定组织或整个社会活动产生的二氧化碳，通过植树造林、海洋吸收、节能减排等形式被吸收和抵消掉，达到二氧化碳相对"零排放"。碳中和意味着要通过生产方式和生活方式的转变达到碳排放和碳吸收的平衡。"双碳"政策是党中央的重大决策部署，力争 2030 年前实现碳达峰，2060 年前实现碳中和，是中国对全世界作出的重大承诺。要实现这一宏伟目标，虽然对一个发展中国家来说异常艰巨，但是党中央依然决定确立这一目标并为之奋斗，体现了国家应对气候变化的"共区原则"和以及对我国当前国情的充分考虑，彰显了一个负责任大国应对气候变化的积极态度。

一、碳达峰与碳中和的提出

（一）碳达峰与碳中和的背景

针对全球气候变暖，世界气象组织（World Meteorological Organization，WMO）在《2019 年全球气候状况声明》中指出：随着温室气体持续排放，未来几年全球气温极有可能打破现有的高温纪录。世界气象组织研究发现，从 20 世纪 80 年代开始，每个连续 10 年都比前一个 10 年更热。2015－2019 年，全球平均气温比工业化前期的平均气温升高了 1.1℃。

随着温室效应不断加剧，全球气温不断升高，会给人类社会的发展带来极其恶劣的影响。《中国气候变化蓝皮书（2019）》显示，海洋温度升高将导致珊瑚礁、贻贝海床、藻类栖息地等受到严重破坏，导致海洋环境发生巨大改变。另外，全球升温会导致冰川融化、海平面上升。《气候变化中的海洋和冰冻圈特别报告》显示，自 20 世纪以来，全球海平面上升了 15cm。2006－2015 年，全球平均海平面上升速度已经达到了历史最高值——3.6mm/年。如果不加以控制，到 21 世纪末，全球海平面就有可能上升 60 ~ 110cm。

随着气候变暖，全球维持了亿万年的热量平衡被打破，导致极端天气频发，旱灾、水灾在全球肆虐，引发了大范围的粮食危机。《2019 年全球气候状况声明》显示，2019 年，全球气候难民总人数接近 2200 万。

根据世界卫生组织发布的数据，气温升高导致登革热病毒广泛传播，登革热发病率急速攀升，使全球近一半人口的生命安全受到威胁。另外，美国媒体一项研究指出，全球升温给人类健康造成了严重不良影响。第一，过敏加重。随着气温升高，花粉生成量增加，导致人类在春季患过敏症的概率增大，过敏病症加重。第二，物种体形逐渐变小。随着全球升温，生物的体形逐渐变小，这一点可以从苏格兰羊身上发现端倪。第三，肾结石的发病率增加。随着气温越来越高，脱水现象越来越严重，导致肾结石的发病率越来越高。第四，气温升高导致蚊子、浮游生物大量繁殖，使得疟疾、脑炎等疾病的发病率攀升。

1992 年 5 月，联合国大会正式批准《联合国气候变化框架公约》(以下简称《公约》)，该《公约》旨在将大气中的温室气体浓度维持在一个稳定的水平，减少人为活动对气候系统造成的影响。

1997 年，各国签订《京都议定书》，约定发达国家自 2005 年起减少二氧化碳排放量，并在 2008 年至 2012 年间将其排放量降低 5.2%，而发展中国家自 2012 年起将承担其减排责任。《京都议定书》旨在限制各国在碳排放方面采取的措施，包括：国际排放贸易机制、联合履行机制以及清洁发展机制。从 1992 年到 2015 年，《联合国气候变化框架公约》的实施取得的重要成果（如图 1-1 所示）。

1992 年：联合国大会通过《联合国气候变化框架公约》　　　1997 年：《京都议定书》约定从 2005 年开始减少碳排放

2005 年：《京都议定书》正式生效　　　2008 年：《京都议定书》约定主要工业发达国家减排温室气体

2009 年：《哥本哈根协议》发表，就减排问题达成共识　　　2011 年：启动绿色气候基金，旨在帮助发展中国家适应气候变化

2013 年：开始实施《京都议定书》第二承诺　　　2015 年：签署《巴黎协定》

图 1-1　《联合国气候变化框架公约》的实施取得的重要成果

2015 年 12 月巴黎《巴黎协定》正式通过。《巴黎协定》为 2020 年以后的全球气候变化制订了明确的措施和计划。此后，各国政府逐渐将《巴黎协定》的各项目标转变为实现"零排放"的国家战略。总之，世界各国正积极回应联合国减排、遏制全球变暖的呼吁。

WMO 发表的《未来五年全球气温预测评估》指出，在接下来的五年里，全球有 70%的概率会比工业化之前的平均气温高出 1.5℃。虽然全世界都在为降低二氧化碳的排放量而努力，但是全球的温度却一直在升高。中国作为世界第二大经济体，应该承担起自己的责任，为全球气候治理作出贡献。

中国作出"双碳"的承诺，与其自身的基本国情有着千丝万缕的联系。中国固定资产投资在 GDP 中所占比重的转折点已经出现，中国经济面临着新的抉择。回顾后工业化的历史，可以发现，在工业化城市不断拓展的时期，基础设施、建筑和设备都会带来大量的固定资产投资，钢铁、水泥、电解铝等原材料的生产都会消耗大量的能源，从而导致大量二氧化碳的排放。到了后工业时代，第三产业经济的增长速度会加快，这是人类产业经济发展的基本规律。自改革开放以来，我国固定投资总量持续高速增长，在 GDP 中所占比重不断上升，2015 年固定投资比重曾达到 81.25%，2019 年和 2020 年，固定投资总额增速出现负增长。到 2019 年，中国的人口城市化率已超过 60%，城市化速度开始减缓，虽然还有一定的发展空间，但增长速度趋于平缓。中国的经济和社会发展趋势发生了巨大的变化，这也是党中央实施"双碳"规划的重要原因。

（二）碳达峰与碳中和理念的形成

2020 年 9 月 22 日，国家主席习近平在第 75 届联合国大会一般性辩论上宣布："中国将提高国家自主贡献力度，采取更加有力的政策和措施，二氧化碳排放力争于 2030 年前达到峰值，努力争取 2060 年前实现碳中和。"[①]

实现"双碳"目标是一场广泛而深刻的经济与社会变革，面临前所未有的困难挑战。当前，我国经济结构还不合理，工业化、城镇化还在继续推进，发展经济和改善民生的任务还很重，能源消费仍将保持刚性增长。与发达国家相比，我国从碳达峰到碳中和的时间窗口偏紧。因此，实现"双碳"目标，迫切需要加强顶层设计。

① 习近平在第七十五届联合国大会一般性辩论上的讲话（全文）[OL]. 新华网

2021 年 5 月，中央成立了碳达峰碳中和工作领导小组，作为指导和统筹做好碳达峰碳中和工作的议事协调机构。领导小组办公室设在国家发展和改革委。

2021 年 9 月 22 日，中共中央、国务院印发《关于完整准确全面贯彻新发展理念做好碳达峰碳中和工作的意见》（以下简称《意见》），就确保如期实现碳达峰与碳中和作出全面部署。《意见》提出了 2025 年非化石能源消费比重达到 20%左右，2030 年风电、太阳能发电总装机容量达到 12 亿千瓦以上，2060 年非化石能源消费比重达到 80%以上等阶段性目标，并且明确了 10 个方面 31 项重点任务，勾勒出了"双碳"工作的路线图。此外，《意见》还提出了构建绿色低碳循环发展经济体系、提升能源利用效率、提高非化石能源消费比重、降低二氧化碳排放水平和提升生态系统碳汇能力 5 个方面主要目标，为"双碳"制订工作计划提供切实的指导。

《意见》指出，到 2025 年，低碳循环经济体系初步形成，重点行业能源利用效率大幅提升。单位国内生产总值能耗比 2020 年下降 13.5%，单位国内生产总值二氧化碳排放比 2020 年下降 18%，非化石能源消费比重达到 20%，森林覆盖率达到 24.1%，森林蓄积量达到 180 亿立方米，为实现"双碳"目标奠定坚实基础。

到 2030 年，经济社会全面发展，绿色转型取得显著成效，重点耗能行业能源利用效率达到国际先进水平。单位国内生产总值能耗大幅下降；单位国内生产总值二氧化碳排放比 2005 年下降 65%；非化石能源消费比重达到 25%，风电、太阳能发电总装机容量达到 12 亿千瓦以上；森林覆盖率达到 25%，森林蓄积量达到 190 亿立方米，二氧化碳排放量达到峰值并实现稳中有降。

到 2060 年，低碳循环的经济体系和清洁高效的能源体系全面建立，能源利用效率达到国际先进水平，非化石能源消费比重达到 80%以上，碳中和目标顺利实现，生态文明建设取得丰硕成果，开创人与自然和谐共生的新局面。

这一系列目标，立足于我国的发展阶段和国情实际，标志着我国将完成碳排放强度全球的最大降幅，用最短的时间从碳排放峰值到碳中和，体现了中国改革的雄心和力度，同时也需要付出艰苦卓绝的努力。

这里我们对提出的 10 个方面的任务进行介绍。

一是推动经济和社会全面发展，顺利实现绿色转型，加强规划引导，优化区域布局，促进绿色生产和生活方式的形成。

二是深化产业结构调整，优化绿色产业布局，加快农业、工业、服务业向绿色低碳转型。

三是要加快建立清洁、低碳、安全、高效的现代化能源系统，加强对能源使用方式和组成结构的双重控制，大力提高能源利用的效率，严格控制矿物能源的消耗，大力发展非化石能源，推进能源体制改革。

四是要大力推动低碳交通系统的发展，优化当前交通组织结构，大力发展清洁能源，布局低碳交通，促进低碳出行。

五是提高城市地区和农村地区建设的绿色管控能力，推动现代生态城市和农村建设，促进管理方式向低碳模式转变。

六是加大对绿色、低碳的重点技术攻关与推广力度，加大对基础和前沿技术的布局力度，加速发展和推广先进绿色技术的应用。

七是不断巩固和提高我国的碳汇能力，巩固和提高我国的生态体系碳汇量。

八是促进开放，促进绿色、低碳发展，大力推动绿色贸易，在"一带一路"倡议的引领下实现绿色发展。

九是健全法律法规标准和统计监测体系，完善标准计量体系，提升统计监测能力。

十是完善投资、金融、财税、价格等政策体系，推进碳排放权交易、用能权交易等市场化机制建设。

党中央、国务院印发的《意见》作为"1"，在"双碳""1+N"政策体系中发挥统领作用。《意见》在两个层次上与"双碳"规划目标的实现设计相呼应，形成完整的规划实施体系。"N"是指能源、工业、交通、城乡建设等部门的"双碳"目标计划，以及科技支撑、能源保障、碳汇能力、财政金融价格政策、标准计量体系和监督考核等保障措施。一套完整的"双碳"政策规划要制定明确的目标，形成分工合理、衔接有序的制度体系。

根据《意见》的建议，下一步我们可以从以下三个方面入手，确保"双碳"工作取得积极成效。

首先，要加快建立"双碳"政策体系，指导地方科学制定"双碳"实施方案，推动各方统筹有序做好"双碳"工作。

其次，国家发展改革委及时跟踪、定期调度各地区各领域的工作进展，做好各项目标任务落实情况的督察考核工作。

最后，还要组织开展"双碳"先行示范区建设，支持有条件的地方、重点行业和重点企业积极探索，形成一批可复制、可推广的有效模式，为如期实现"双碳"目标提供有益经验。

二、碳达峰与碳中和的目的

2020 年 12 月，中央经济工作会议对"碳达峰、碳中和"工作进行了规划，并将其作为 2021 年的一项重要工作。2021 年 9 月，中央财经委员会第九次会议继续强调，实现"双碳"目标是一场广泛而深刻的经济、社会变革，要科学规划、合理布局，把碳达峰、碳中和纳入现代生态文明建设的总体布局。

目前，由于生态环境的不断恶化，很多国家都在制定"双碳"的近景目标和远期规划。人类因利用传统化石燃料产生的温室气体（主要是二氧化碳、甲烷等）不断上升，温室效应愈加明显，对全球环境的影响越来越严重，进而引发了全球性的气候变化，导致极端天气频繁发生。2015 年 12 月，巴黎气候变化会议通过了《巴黎协定》，该协议旨在制定 2020 年后全球应对气候变化的措施，为人类的可持续发展谋篇布局。

从我国的发展状况来看，提出碳达峰、碳中和目标恰逢其时。一是当前我国的能源储备情况不乐观。我国石油和天然气资源较为贫乏，因此，发展低碳经济、优化能源结构是非常必要的。二是基本条件已经具备。统计数字表明，到 2019 年末，全国人均碳排放总量比 2005 年下降 48.1%，其中非化石能源在一次能源消费中所占比重不断上升，已经达到 15.3%，这使得我国实现了节能减排的阶段性目标。从目前来看，中国在可再生能源领域的专利数量、投资、装机和发电量都是世界第一，风电和光伏发电的总装机容量约占全球总量的 30%，中国是世界上最大的可再生能源市场。

当前，我国在碳达峰、碳中和方面存在着很多问题：一是在全球工业价值链中，制造业仍然处在中、低端，经济结构调整和产业升级急需加快；二是煤炭消费比重相对偏高，以化石能源为主的能源结构尚未根本改变；三是单位 GDP 二氧化碳排放强度相对较高，能源利用效率亟待提高；四是碳排放管制较为困难，改善能源结构的长效机制还须进一步完善；五是部分地区对"双碳"的战略决策认识不足、重视不够，对推进"双碳"目标的实施、加快推进传统工业转型、促进新经济模式发展的认识有待加强。

我们很清楚，"双碳"目标的实现具有很强的挑战性，不仅需要有坚定的信念，而且必须依靠各种政策的支持，全国上下统一布局。碳达峰与碳中和规划既是我国在国际舞台展示大国风范的重要举措，又是保证中华民族子孙后代延续发展的必经之路。

根据中央的指示和精神，我国各地制定了碳达峰、碳中和的具体措施：一是积极调整能源结构，以低碳能源取代高碳能源，用可再生能源替代化石能源;二是加快推进产业结构转型,大力淘汰落后产能、化解过剩产能、优化存量产能;三是改善能源利用模式,着力提升能源利用效率;四是加大研发与推广力度,加速低碳技术的应用;五是完善低碳经济发展政策,健全低碳发展机制;六是增加生态碳汇,不断增加森林面积和蓄积量,加强生态保护修复力度。

按照"碳达峰"和"碳中和"的相关要求,工业和信息化部门大力推动"节能减排"计划和"绿色制造"项目发展,如淘汰落后产能,提高钢铁行业的发展质量;大力发展先进制造业,优化新能源汽车行业的布局;金融机构调整思路,大力发展绿色金融;政府部门优化经济政策布局,推进重点产业结构调整力度。此外,政府要着力优化能源利用结构,增加可再生清洁能源供给,加强对森林、草原、湿地、荒漠的保护与治理,提高生态系统的碳汇能力。

三、对"双碳"目标的客观认识

(一)"双碳"目标的综合效益

碳中和目标意味着我国经济需要加速转型升级,提高宏观经济要素的效率和竞争力,在环境保护和经济增长之间寻求平衡,最基本的还是要深刻理解新的发展观,追求高质量发展,而不是单纯追求经济增长速度。

碳达峰、碳中和是促进经济转型升级的助推器。在这个过程中,高碳污染的产业和企业要严格控制发展规模,积极调整产业发展策略,集中资源优先推进新型战略产业的发展。碳达峰、碳中和将进一步推动经济结构的优化,为我国经济发展提供新动能,并将深刻改变各个行业的结构和面貌。低碳新产业的发展将拉动新的投资,创造新的就业机会,促进社会经济的进一步繁荣。

我国正在全力推进能源革命,应对气候变化的行动已成为能源技术进步和低碳化发展的重要保障。为了实现能源经济深度低碳化,未来 10~30 年我国必须加快推进减少煤炭在能源结构中占比的步伐,提高各个行业的能源效率,全面提高产业电气化水平。可再生能源领域已成为能源转型的焦点,随着风、光发电领域的迅猛发展,我国有望实现从最大能源进口国向能源出口国的转变,引领全球清洁能源转型。

我国"双碳"规划的目标与美丽中国建设的愿景是高度一致的,并且在应对气候变化的过程中,"双碳"规划与生态环境综合治理具有很强的协同效应。随着"双碳"规划的推行,我国的生态环境将持续改善,有望于

2060 年前全面实现"双碳"目标，从而使生态环境得到全面优化。

目前，我国的经济和社会发展已经初步适应了减少碳排放的基本要求，开始走上了适合国情的高质量发展之路。随着 2020 年各地脱贫目标的实现，我国实现了全面脱贫，随着低碳减排政策推进，生态环境得到了显著的改善，在生态环境保护方面取得了阶段性的胜利。事实证明，推动节能减排不仅不会妨碍经济发展，还能有效促进经济结构的优化和转型。

（二）实现"双碳"目标存在的问题

在今后的发展中，我们要坚持碳达峰、碳中和的目标，实现全面的发展和转型。当然，在这一进程中，我们也会遇到一些困难，应该注意以下这几个问题。

首先，要保证社会和经济的持续发展，我国碳减排的压力很大。随着城市化进程不断加快，人口不断向城市集中，城市系统还在继续拓展中，这一时期需要大量的基础建设和改造。在这样一个动态扩张的发展时期，要想有效遏制二氧化碳的排放，是一件非常困难的事情，必须寻找到一条切实可行的途径。比如，在新冠肺炎疫情后的经济恢复过程中，5G 网络、数据中心、特高压等项目的推进，将导致碳锁定效应，为碳减排带来新的挑战。

其次，能源及减排重点产业转型困难。目前，我国缺乏短期内有效控制碳排放的方案，必须依赖经济结构调整、空间结构调整、能源结构调整、交通结构调整等宏观措施。但能源及减排重点产业受诸多因素的限制，重组的难度很大，短期内难以实现突破。在碳中和目标的指引下，我国必须加快煤炭行业的转型，以实现"双碳"目标为基础，发展清洁煤，优化煤炭产业结构。

最后，我国的碳排放指标尚未实现有效的分解，基础数据不明确，指标约束性不强，在执行过程中具有较大的弹性，并且与之配套的统计、监测、核查等制度尚未健全。与此同时，我国的碳排放目标与各个区域、行业的主要发展目标之间缺乏有效的衔接，在缺乏有效制度规范的情况下，很难顺利推进。此外，在制度建设和规划方面还要继续完善，比如规划编制、措施制定、监督执法等。

四、"双碳"理念对部分行业的影响

碳达峰、碳中和涉及工业、交通、能源、农业、建筑、消费等各行各业，不同行业可以根据自身的特点开发合理的减排手段，如能源替代、源头减量、回收利用、节能提效、工艺改造、碳捕集等。"双碳"规划目标覆盖了我国大部分经济产业部门，同时也会涉及很多具体问题，"双碳"规划的持续推进将会对中国产业结构优化与社会转型产生深刻的影响。

（一）电力：加速发展清洁能源

为实现碳中和的目标，电力系统必须进行深层次的脱碳改革，只有这样才能稳步实现 2050 年工业排放将接近于零的目标。届时我国 90% 以上的电能将由非矿物能源提供，因此在未来一段时间里，光伏、风能、核能、绿色氢能等产业的生产、消费和投资都将获得长足的发展。如果要在 2050 年以前实现碳中和的目标，就必须要优化能源结构，将非矿物能源在一次能源消费中的占比提高到 75% 以上。据国网电科院、中国风电协会等单位预测，"十四五"期间，风电装机年均将达 100 吉瓦，是"十三五"期间的两倍。到 2050 年，风光发电的总装机容量将达到 4000 吉瓦，约为 2020 年的 10 倍。碳中和需要煤炭行业的生产、消费和投资大幅度降低，煤炭开采和煤炭工业的发展将会受到一定的影响。

（二）运输：实行电力运输

运输部门（包括公路、铁路、海运和空中）所使用的能源，尤其是石油燃料的使用会导致大量的二氧化碳排放，成为大气温室污染的重要污染物来源。在当前的能源结构下，电动汽车的能源利用效率较高，且二氧化碳排放量也低于燃料汽车。在电力工业提升清洁能源比例、不断降低碳排放的前提下，通过电动车、电气、铁路等交通工具有效降低我国在社会生活和经济发展中的碳排放。因此，交通运输产业的碳中和转变之路，应以推动常规公路、铁路运输的电动化、电气化、智能化为目标。同时，政府要大力发展航运业，大力发展天然气、电力等清洁能源，改善能源利用结构，并且要加快淘汰高能耗运输设备，加快新能源交通运输配套设施的部署。在城市化进程中，要重视绿色基础设施建设，大力投资轨道交通、快速发展公交和城市公共交通等，建设城市骑行、步行等绿色出行设施和环境，减少私家车出行需求，从源头上减少交通出行的相关碳排放。

（三）零碳建筑：积极推动

建筑业也是我国重要的能源消耗产业部门，约占全国总能耗的 1/5，具体来说包括：建筑物照明、供暖、制冷、家电等方面。建筑业低碳发展的途径主要有两个：一是开发建筑节能，二是利用清洁能源（如太阳能）。与电力、交通等行业相比，建筑业在节能技术的发展和应用领域一直走在前列。在相关部门和地方政府的积极努力下，我国建筑产业的节能减排工作得到了落实，建筑业将会是国内第一批实现低碳转型的经济产业部门。欧洲有几个零碳示范园区，园区内的建筑都是零碳排放，且解决了需要政府补助的难题。在国内的几个试验项目中，零碳建筑技术和运作模式都被证明是可行的。建筑行业要实现整体零排放，必须严抓以下几方面：加强对建筑节能标准的调查和研究，尽快制定和执行超低能耗、零碳建筑标准；合理规划建筑产业发展，加强对现有建筑的节能改造；加快技术开发，完善零碳建筑技术；提高建筑用能电气化率，充分使用分布式可再生能源（如光伏），调整北方采暖地区的供暖热源结构和提升热源效率；推广节能和智能化高效用能的产品（如家电）、设施。

第二节　"双碳"理念下的国内规划解读

随着温室效应的增强，气候变化对人类活动和发展的影响越来越大，采取积极的措施保护生态环境，已成为全人类的共识。在此形势下，越来越多的国家和地区加入碳减排阵营，积极调整减排政策，相继发布碳中和目标，催生了新一轮能源技术与产业革命。作为世界第二大经济体，我国的"双碳"目标对全球碳减排、碳中和有着重要的意义。我国在社会主义现代化建设过程中必须采取有效措施，推动工业、农业等产业转变发展模式，探索出一条低碳、绿色的城镇化道路，为全球碳减排作出应有的贡献。

在2020年9月的第75届联合国大会一般性辩论上，习近平主席郑重宣布，中国将提高国家自主贡献力度，采取更加有力的政策和措施，二氧化碳排放力争于2030年前达到峰值，努力争取2060年前实现碳中和。这一富有雄心的重大宣布，既表明了中国全力推进新发展理念的坚定意志，也彰显了中国愿为全球应对气候变化作出新贡献的明确态度，得到国际社会的普遍赞誉。这是中国第一次在全球范围内承诺实现"双碳"的目标，既体现了中国的大国责任，也体现了中国在全球气候治理中发挥的积极作用。无论是对世界，还是对中国，到2060年实现碳中和都具有重大的战略意义。

一、"双碳"目标时间规划

面对愈发严峻的气候问题，世界各国经过反复协商与探讨达成了一个基本共识，即实现碳达峰与碳中和。从某种意义上来说，碳达峰与碳中和是一项关乎人类社会长久发展的战略问题，在一定程度上体现了人们对能源科技发展的信心。因为碳中和目标只能通过节能减排实现，而节能减排则需要以能源技术的发展为基础。

国内外气候变化专家的研究显示，中国有条件在 2030 年之前实现碳达峰，在 2060 年之前实现碳中和。基于目前已经成熟和基本成熟的绿色低碳技术，以及商业运作模式的可行性，如果中国及时采取有力的碳中和政策，那么，有望在 2050 年左右将碳排放水平降低到 2020 年的 70%（如图 1-2 所示），到 2060 年之前实现碳中和，即实现零碳排放。

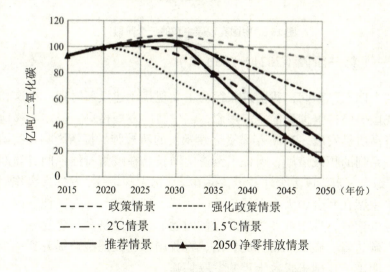

图 1-2　各种情景下的中国碳排放路线图

如果要在 2060 年之前实现碳中和，那么就必须在实体经济层面加速推动电力、交通、建筑和工业的大规模去碳化，争取在大多数产业中实现近零排放，对于小部分难以消除或降低的碳排放将由自然碳汇来吸收。

2060 年之前，我国的碳减排工作面临着机遇与挑战并存的局面，但总体来讲"双碳"目标的实现对我国经济和社会发展具有极强的推动作用。为了在既定时间内实现"双碳"目标，我国要大力发展绿色科技，优化经济发展模式，不断提升我国经济和社会的发展质量。

为了在 2060 年前实现碳中和，我国要统筹规划，以"十四五"规划为起点，引导投资转向零碳和负碳领域，以五年为周期制定二氧化碳减排目标，并辅之相应的减排政策。从整体来看，中国想要实现碳中和，大致要经历三个阶段（如图 1-3 所示）。

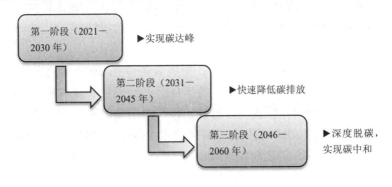

图 1-3　中国实现碳中和的三个阶段

（一）第一阶段（2021—2030 年）

"十四五"期间，我国进入社会主义现代化建设新时期，在这一时期，我国要坚持贯彻新的发展理念，创建新的发展格局，坚定不移地推动经济高质量发展。2020 年，受突然暴发的新冠肺炎疫情影响，我国采取了一系列的积极措施，保证了经济的增长。在疫情持续期间，让经济实现"绿色复苏"成为全球共识，我国要承担大国责任，发挥带头作用。习近平主席在联合国大会上提出的碳达峰、碳中和目标向其他各国释放出明确的信号，即中国要为应对气候问题、推动经济"绿色复苏"贡献力量。碳达峰、碳中和目标的提出，将我国绿色发展战略提升到一个新高度，明确了我国未来数十年的发展基调。

在"双碳"目标下，我国要建立绿色、低碳、可循环发展的经济体系，建立清洁、低碳、高效、安全的现代化能源生产与消费体系，探索可持续发展的经济增长模式。总而言之，从经济基础、思想认知、技术保障等方面看，我国完全可以在 2030 年之前实现碳达峰。"十四五"期间，我国经济发展的主要任务就是转变经济发展方式，大力发展绿色经济、低碳经济，将单位 GDP 能耗降低 13.5%，碳排放降低 18%，尽快实现碳达峰，为实现碳中和奠定良好的基础。

另外,在交通领域,我国人均汽车保有量较低,截至 2021 年 3 月,全国汽车保有量为 2.87 亿辆,其中私家车保有量为 2.29 亿辆,结合第七次人口普查的数据进行换算可知,目前我国人均汽车保有量仅为 0.16 辆。未来,随着汽车保有量不断增加,交通行业对能源的需求将大幅增长,由此产生的碳排放也将不断增加。为了在 2030 年实现碳达峰,这一阶段的主要任务就是提高能源利用效率,在工业产业、电力行业用可再生能源代替传统的煤炭资源,用新能源汽车取代传统的燃油汽车,引导消费者低碳生活,减少二氧化碳排放。

(二)第二阶段(2031—2045 年)

碳达峰目标实现之后,我国要在 2060 年之前实现碳中和。因此,在碳达峰目标实现之后的 15 年,我国必须快速降低碳排放。实现这一目标有两大基础:首先,随着可再生能源成本与储能成本不断下降,"可再生能源+储能系统"有望替代化石能源,大幅减少化石能源的使用;其次,随着电动汽车成本的不断下降以及交通基础设施的不断完善,电动汽车将逐渐替代传统燃油汽车。因此,在这个阶段,我国的主要任务就是扩大可再生能源的利用规模,大幅提高新能源汽车在市场中的占比,有效替代传统燃油汽车,让交通行业全面实现电力化。同时,我国要加大碳捕集、利用与封存,生物能源结合碳捕获与封存等负碳排放技术的研究力度和推广应用,促使我国经济产业部门全面实现绿色发展。

(三)第三阶段(2046—2060 年)

在这个阶段,碳捕获、利用与封存,生物能源与碳捕获和储存等技术经过一段时间的发展已经基本成熟,可以大规模推广应用。同时,可再生能源、储能、氢能等技术的利用与推广也可以极大促进节能减排工作的推进。在这些技术的助力下,工业、行业、交通等行业可以完成低碳改造,大幅减少碳排放。对于无法控制的碳排放,可以借助碳捕获、利用与封存,生物能源与碳捕获和储存等技术以及碳汇交易实现碳中和。

由此可见,2030 年实现碳达峰与 2060 年实现碳中和这两个目标是一脉相承的。碳达峰实现的时间越早,峰值越低,碳中和的实现难度就越小。因此,现阶段我国碳减排的重点任务就是尽快实现碳达峰,尽可能降低峰值。

从 2030 年实现碳达峰到 2060 年实现碳中和，中间仅有 30 年的时间，考虑到我国的碳排放总量，我国的能源系统必将发生巨大变革。一方面，我国要大力推广可再生能源技能，充分利用碳捕集、利用与封存技术，生物能结合碳捕获与封存技术，用可再生能源大规模替代化石能源，推动减排工作的持续推进；另一方面，国家要统筹规划、科学施策，对不同的行业设计不同的碳减排方案，分阶段实施，保证各行各业如期完成碳减排目标。

二、"双碳"目标施行规划

自碳达峰、碳中和目标提出之后，政府相继出台了很多支持政策，"新能源""绿色技术""绿色金融""碳排放权交易"等概念引起了广泛关注。

在政府层面，自 2020 年 9 月以来，党中央先后在召开的十九届五中全会、中央财经委员会第九次会议等一系列会议上对"碳达峰"和"碳中和"政策进行了阐述，确定了"碳中和"与"碳达峰"的基本方针，并对应该采取的相关措施进行了详细的规划，从理论和政策上为实现"双碳"目标提供了有力的支撑。

我国政府将碳达峰、碳中和作为重大战略决策列入 2021 年八大重点任务，纳入生态文明建设整体布局，并在"十四五"规划和"2035 远景目标"中明确提出，推动经济绿色低碳发展，推动社会经济发展方式发生深刻变革，使其向着绿色低碳的方向转型发展。

2021 年 5 月 26 日，碳达峰碳中和工作领导小组第一次全体会议在北京召开。这是碳达峰碳中和工作领导小组的首次亮相，标志着中国"双碳"战略又迈出重要一步，光伏、风电等绿色能源产业得到强有力的政策支持和推动。碳达峰、碳中和战略发布后，得到了国家发展改革委、生态环境部、交通运输部、工业和信息化部等各部委的积极响应，并制订了初步的碳中和执行计划。2020 年 10 月 21 日，生态环境部、国家发展改革委、中国人民银行、银保监会、证监会联合发布《关于促进应对气候变化投融资的指导意见》，积极促进围绕碳中和开展的投融资协作。

根据国家发展改革委的指示，我国未来的碳中和将从以下六个方面着手推进：调整能源结构、加快推动产业结构转型、提升能源利用效率、加速低碳技术研发推广、健全低碳发展体制机制、增加生态碳汇。

在各部委的引导下，各地方政府也制订了碳减排目标与行动计划。例如，上海市计划在2025年实现碳达峰，比全国实现碳达峰的时间提前了5年；广东省、江苏省也制定了2025年之前各行业的减排目标。这里我们中对我国各省（区、市）发布的碳达峰、碳中和的相关计划进行了梳理（见表1-1所示）。

表1-1　我国主要省（区、市）"双碳"政策或行动计划

省（区、市）	"双碳"政策或行动计划
北京市	"十四五"时期碳排放稳中有降，开始向碳中和迈进。2021年加强细颗粒物、臭氧、温室气体协同控制，做好碳排放强度与碳排放总量的控制，明确碳中和实现路径与时间表，推进能源结构调整，促使交通、建筑等行业节能，加强土地资源环境管理，新增绿化面积15万亩
上海市	制订碳达峰行动计划，计划到2025年实现碳达峰。为了实现这一目标，上海将着力推动钢铁、化工、电力等重点行业与用能单位降低能耗，实现节能减排。按计划，上海将继续推行重点企业煤炭消费总量控制制度，到2025年将煤炭消费总量控制在4300万吨，煤炭消费在一次性能源消费中的占比降至30%，天然气消费在一次性能源消费中的占比提升至15%，本地可再生能源在全社会用电量中的占比提升至8%
广东省	将积极发展清洁能源，建设清洁低碳、安全高效、智能创新的现代化能源体系，计划到2025年让新能源发电装机规模达10250万千瓦，倡导简约舒适、绿色低碳的生活方式，制订碳达峰行动方案，率先实现碳达峰
四川省	2020年6月30日，四川省甘孜州、阿坝州、凉山州与攀枝花市召开光伏基地规划评审会，预计在"十四五"期间光伏基地总装机量将达到2000万千瓦
山西省	将碳达峰作为深化能源革命的重要指引，推动煤矿绿色智能开采，利用5G、先进控制技术助力智能煤矿建设，建设智能化采掘工作面1000个，建设绿色开采煤矿40座，推动6座煤矿加快先进产能建设，将全省煤炭先进产能占比提升到75%，推进非常规天然气增储上产，力争让非常规天然气产量达到120亿立方米。同时，深化电力市场化改革，完善电网主网架构，加大煤电机组灵活性改造，扩大电力外送规模，引导发电企业降本增效。另外，要积极发展风电、光伏平价项目，推进地热能、生物质能开发应用
河北省	到2025年，河北省风电、光伏发电的装机容量要分别达到2600万千瓦、2000万千瓦
山东省	到2030年，新能源与可再生能源发电装机容量要达到8155万千瓦，其中风电装机容量2300万千瓦，太阳能发电2500万千瓦，生物质发电500万千瓦，水电790万千瓦，核电2065万千瓦，发电装机容量在省内电力装机容量的占比超过40%，年实现发电量2300亿千瓦·小时
宁夏回族自治区	到2025年，可再生能源装机规模超过4000万千瓦，在电力装机中的占比超过50%，可再生能源在新增电力装机中的占比超过80%，在新增发电量中的占比超过50%
江苏省	到2025年，江苏省可再生能源装机容量力争超过5500万千瓦，省内可再生能源装机在总装机中的占比超过30%，其中，风电装机达到2600万千瓦，光伏发电装机达到2600万千瓦

三、"双碳"目标产业发展规划

（一）能源产业变革

（1）能源供给——光伏、风电与核电。在碳达峰、碳中和目标背景下，清洁低碳的新能源替代传统的化石能源已经成为必然趋势，我国各个新能源领域都有望获得新一轮的政策支持，享受新一轮能源变革带来的红利。在此形势下，光伏、风电、核电等绿色能源及相关配套设施领域潜藏着不错的投资机遇。

（2）能源传输——特高压、储能设备。绿色能源正处于加速推广状态，传输需求、储能需求会不断增加，特高压、储能设备等领域潜藏着不错的投资机遇。随着新能源不断取代旧能源，电力传输需求会越来越多，再加上未来几年我国要继续推进智能电网与特高压电网建设，使得特高压领域潜藏着巨大的投资空间。

除此之外，电能的高效利用与传递需要以储能技术为依托。首先，储能可以解决火电调频响应速度慢的问题，提高机组运作效率，与风电、光伏发电等新能源配套使用，可以缓和电网波动，实现平滑控制，满足并网需求，提高能源利用效率；其次，储能可以帮助电网调频、调峰，解决网络堵塞问题，提高电能传输效率；最后，储能与分布式光伏相结合，可以实现电力自发自用，保证供电的可靠性，从而降低用电成本，减少电力生产过程中的碳排放。由此可见，在未来电力生产与传输的各个环节中，储能需求都将得到大幅释放，投资潜力巨大。

（3）传统能源——煤炭、石油、天然气行业龙头。随着传统能源的需求不断下降，行业集中度可能会快速提升，煤炭、石油、天然气等行业的龙头企业可能会表现出明显的优势。为了实现碳中和，我国的能源结构将发生重大变革，传统能源需求将不断下降，低效落后的产能将逐渐被淘汰。随着行业集中度不断提升，具有资本、技术等多重优势的行业巨头将获得更好的发展。具体来看，柴油、汽油、天然气和液化石油气的碳排放在碳排放总量中的占比相对较大，这些行业的集中度或将率先提升。

（二）产业结构升级

进入"十四五"时期之后，我国如果要转变发展模式，实现绿色低碳发展，就必须从制度层面着手，让生态文明建设的各项制度形成合力，完善统筹协调机制。在这个过程中，政府要做好顶层设计，制定相关战略，实现上下联动，完善治理体系，开发出更多的系统工具，从制度、政策、市场环境等方面为经济社会绿色低碳发展创造良好的条件。

碳达峰、碳中和目标的实现需要各行业、各部门的共同努力，不仅要依靠减少化石能源消耗、利用可再生能源替代化石能源，而且还要依靠技术创新与市场激励，尤其要依靠技术领域的突破式创新。某些领域利用常规减排技术无法实现深度减排，其相关技术不成熟、减排成本较高，在这种情况下就要通过碳定价机制推进技术研发与创新，实现其产业化。在碳交易市场价格机制的作用下，企业可以通过碳交易降低减排成本，甚至还能获取收益，从而在技术研发领域积极布局。当然，碳达峰、碳中和目标的完成不能仅依赖碳市场，还需要多种市场机制共同发挥作用。

（1）在碳达峰、碳中和背景下，包括新能源汽车、新能源电池、充电桩在内的交通运输行业的新能源获得了广泛关注，相关产业链潜藏着巨大的投资机会。对交通行业来说，用新能源汽车替代燃油汽车是碳减排的重要举措，也是必然举措。近年来，我国新能源积分政策不断收紧，这一趋势将延续很长时间，以推动新能源汽车推广应用。

《新能源汽车产业发展规划（2021－2035年）》明确表示，新能源汽车是我国从汽车大国迈向汽车强国的必由之路，是应对气候变化、推动绿色发展的战略举措。新能源汽车的快速发展将对上游的电池、电子元件及相关设备产生巨大需求，同时也将对充电桩等基础设施建设产生积极的推动作用，这些领域都将呈现出不错的投资机遇。

（2）传统材料制造业的碳排放比较高，为了实现碳达峰、碳中和目标，该行业将不断释放需求，向着绿色、低碳的方向转型升级。在这种情况下，投资机构可以关注该领域的细分行业。随着新能源产能的不断提高，未来很长一段时间，钢铁、铜、锂、镍、钴等有色金属以及基础化工材料的需求将不断增长。同时，因为金属加工、基础化工和石油化工等行业的碳排放量较高，在碳达峰、碳中和背景下，钢铁、有色、化工等行业的集中度也会不断提升，细分领域的龙头企业可能呈现出巨大的投资价值。

（3）在碳达峰、碳中和的背景下，环保建材、装配式建筑将得到快速推广，市场占有率将快速提升。为实现碳减排目标，建筑行业将深入贯彻环保理念。从产品设计来看，低碳材料、可回收材料将成为市场"新宠"。从建筑细分领域看，建筑行业的碳排放主要源自两个方面：一是水泥、钢筋等建材在生产过程中的碳排放；二是建造模式比较传统，生产效率较低，产生了较高的碳排放。

为了实现碳达峰、碳中和的目标，建筑行业将会发生重大变革。一方面，低碳环保建材将得到大范围推广应用，市场占有率将不断提升；另一方面，传统的建造方式将逐渐为装配式建筑等新型建造方式所替代，从而减少建筑在建造过程中的材料消耗与能源消耗，减少在生产过程中的碳排放。因此，在建筑领域，环保建材、装配式建筑将成为新的投资领域。比较装配式建筑与传统建造模式的能耗，我们会对不同建筑方式的碳排放量有更清晰的认识（如图1-4所示）。

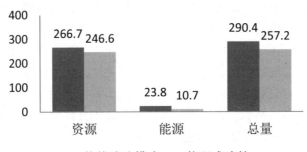

图1-4　装配式建筑与传统建造模式的能耗对比

碳排放涉及各行各业，每个行业都将释放出巨大的环保需求。在工业、建筑、交通运输等行业中，工业的废物处理是碳减排的重要环节。目前，工业废物处理常用的方式有三种，即焚烧、填埋、回收，其中前两种方式应用频率较高。焚烧、填埋会产生大量的碳排放，因此这一环节需要借助环保设备实现减排。在这种情况下，垃圾焚烧、环卫电动化、环保设备、节能设备、资源再生等领域将产生大量的投资机会。

第三节　"双碳"理念下的国外能源战略解读

一、德国

在世界各国中，德国在能源转型方面的表现最为积极，先于世界其他国家制定了碳减排目标，也先于其他国家实现碳达峰。在2020年碳排放量排名前 15 的国家中，美国、俄罗斯、日本、巴西、印度尼西亚、德国、加拿大、韩国、英国和法国已经实现碳达峰，其中，德国早在 1990 年之前就实现碳达峰。在多年的发展中，德国出台了多项政策与法律法规，不断加大碳减排力度，从 2000 年到 2019 年，德国的碳排放量减少了近 20%，从 8.544 亿吨降至 6.838 亿吨。

2019 年 5 月，德国退出煤炭委员会，并承诺最晚到 2038 年退出燃煤发电。其后，德国联邦政府内阁和德国联邦议院分别于 9 月 20 日和 11 月 15 日通过《气候行动计划 2030》和《德国联邦气候保护法》，通过立法明确规定，到 2030 年温室气体排放比 1990 年减少 55%，到 2050 年实现净零排放。之后，随着欧盟统一政策目标的发布，德国或将考虑将 55% 的减排目标提升至 65%。

德国为实现碳中和制定的所有法律法规都具有系统性。在气候立法之前，德国联邦政府已经围绕碳减排发布了一系列长期战略与行动计划，如"德国适应气候变化战略""适应行动计划"、《气候保护规划 2050》等，这些战略制定了统一的碳减排目标，得到了社会广泛的认可与支持。

在此基础上，为增强约束力，德国联邦政府出台了一系列法律法规，如《德国联邦气候保护法》《可再生能源法》《国家氢能战略》等。同时，为推动具体的行动计划落地执行，德国联邦政府又制定了《气候行动计划 2030》，对各产业、各部门应该采取的行动作出了明确规定。根据《德国联邦气候保护法》的相关描述，到 2030 年，德国温室气体的排放量要比 1990 年减少 55%，到 2050 年实现净零排放。为了实现这一目标，这部法律对各产业部门从 2020 年到 2030 年的减排目标作出了硬性规定，产生了强约束作用。

为了更好地落实《德国联邦气候保护法》规定的具体行动，德国联邦政府出台了《气候保护计划 2030》，对各产业的减排目标进行细分，将总体减排目标分解到建筑和住房、能源、工业、运输、农林等各个部门，并围绕减排措施、减排目标调整、减排效果评估等制定相关的法律法规。

（一）房屋和房屋

德国《建筑物能源法》于 2020 年 11 月 1 日正式施行，其中，明确提出大力发展以可再生资源为基础的新型采暖方式，以取代旧的采暖方式。另外，德国联邦政府还推出了一系列减税优惠，促进企业在节能和可再生能源利用方面的投入。德国联邦政府和各银行共同成立了一项联邦能源建设基金，用于对建筑的节能改造和建筑的建设进行贷款。

（二）能量

德国联邦政府于 2019 年末颁布了《2050 年能源效率战略》，该战略旨在于 2030 年前实现节能减排。德国联邦政府在 2020 年提出了逐步淘汰燃煤发电厂，以及全面降低温室气体排放的目标，并制定了《德国燃煤电厂淘汰法案》及《矿区结构调整法案》。德国联邦政府于 2020 年 9 月 23 日通过《可再生能源法修正案草案》，对可再生能源的发展进行了规划，指出要使其在 2030 年在总能源中占比达到 65%。

（三）工业

在工业领域，德国联邦政府的主要政策是鼓励企业开发新技术，减少能源消耗，提高能效。例如，为了鼓励工业企业开发有利于气候保护的技术，德国联邦政府出台了高技术气候保护战略以及《国家氢能战略》，并为后者投入 70 亿欧元，试图通过技术创新打造核心竞争力，在全球保持领先地位。为了鼓励企业在碳捕集、利用与封存技术，移动和固定式储能系统电池技术，材料节约型和资源节约型的循环经济技术等领域创新，德国联邦政府设立了数十亿欧元的产业基金，鼓励工业企业在上述领域布局，带动技术创新。

（四）运输

为了减少运输行业的温室气体排放，德国联邦政府出台了一系列政策，鼓励购买电动汽车，鼓励自行车、火车出行，鼓励相关企业研发替代燃料技术等。例如，德国联邦政府规定，从 2019 年 11 月起，消费者购买电动汽车最高可以获得 6000 欧元的补贴；到 2030 年，德国要建设 100 万个充电站；对 2021 年以后购买的燃油汽车，要按照公里碳排放征收车辆税；从 2021 年开始，为了推动地区公交电动化，德国联邦政府每年会在该领域投入 10 亿欧元；到 2030 年，为了让全国铁路实现电气化、智能化改造与升级，德国联邦政府将会在该领域投入 860 亿欧元。

（五）农业和林业

在农业方面，德国会不断提高有机农业用地的比例，从目前的 9.7%提升至 2030 年的 20%，使农业生产活动的碳排放减少。除此之外，德国加大对森林和木材使用的保护和管理力度，提高农业能源利用效率，加大对耕地腐殖质、永久草原、沼泽土壤的保护力度，减少泥炭使用，增加食物的可持续消费。

二、英国

英国是世界上第一个通过颁发法律明确中长期减排目标的国家，也是世界上最早开始为实现碳中和做出各种努力的国家。2008年，英国颁布了《气候变化法》；2010年，英国标准协会发布了世界上第一个碳中和规范；2019年，英国对《气候变化法》进行修订，明确到2050年实现碳中和的目标。2020年11月18日，英国政府发布"绿色工业革命"计划，该计划涵盖了海上风能、氢能、核能、电动汽车、公共交通与步行骑行、绿色航运、住宅与公共建筑、碳捕捉、自然环境、创新与金融10个方面的内容。为了推进这一计划，英国政府预计投入120亿英镑，创造超过25万个就业岗位。同时，为鼓励电动汽车发展，英国计划在2030年之前禁售以燃油新车，到2035年之前停止销售混合动力汽车。

2020年12月3日，英国政府宣布了最新的减排目标，即相比1990年，2030年英国的温室气体排放量要减少68%。为实现碳达峰、碳中和的目标，英国气候变化委员会提倡从2020年底开始改变现有的气候目标，同时采取更高效的政策。在这一政策导向下，英国大多数行业都要节能减排，努力实现净零排放，英国也采取了相应措施（见表1-2所示）。

表1-2　英国节能减排的四大措施

切入点	具体措施
技术方面	英国创新性地开发出碳捕获与封存（Carbon Capture and Storage，CCS）技术，可以收集大型发电厂、钢铁厂、化工厂等排放的二氧化碳，避免其排入大气，将单位发电的碳排放减少85%～90%
能源方面	在使用清洁能源方面，英国采取的措施是推动运输、取暖等部门实现电气化。随着这一举措不断落地，电力需求将翻倍增长。英国气候变化委员会预测，到2050年，电能、热能等都需要由低碳能源进行生产，能源供应量要增加4倍。除了用来发电，氢能还要用作车辆、船舶的燃料等。另外，未来几十年，生物能源、合成燃料将大规模取代化石能源，对碳中和的实现会产生积极的推动作用
金融方面	2021年夏天，英国按计划推出了绿色金边债券与绿色零售储蓄产品，建立了"碳市场工作小组"，力争将英国伦敦打造成世界领先的碳市场
能源创新方面	英国推出净零创新投资组合，并为其投入10亿英镑。为鼓励能源创新，英国在这个组合中新增了三项内容，分别是海上浮式风力发电、绿色能源存储系统以及能源作物和林业

21

英国很多城市正在努力打造零碳城市或示范区，如布里斯托在 2018 年启动了城市跃升（City Leap）项目，计划从全球吸引 10 亿英镑的投资，在 2030 年之前打造一个"零碳"城市，供热、能源、交通实现深度脱碳，新建建筑实现净零排放等。亨伯"零碳"区大规模建设碳捕集、利用和封存网络以及氢能设施；贝丁顿"零碳"社区等积极探索"零碳"城市建设。

为了实现碳中和，英国的企业也采取了很多措施。例如，英国石油公司阿莫科（BP Amoco，简称 BP）提出净零排放目标，力争在 2050 年之前成为净零公司。为了实现这一目标，BP 提出新的发展战略：第一，到 2030 年在低碳能源领域的投资额要增至 50 亿美元；第二，提高氢能业务在核心市场的份额，力争达到 10%；第三，与全球 10~15 座大城市以及 3 个核心行业建立能源合作关系。

世界第二大石油公司——皇家壳牌石油（以下简称壳牌）提出全面减少产品在生产过程中的碳排放，计划到 2030 年将销售产品的碳足迹减少 30%，到 2050 年减少 65%。最晚到 2050 年，壳牌要实现净零排放。为了实现这一目标，壳牌设置了 ESG 事务专员，专门围绕气候问题、温室气体排放问题与政府、股权交易基金进行沟通；持续增加在氢能、储能电池等交通无碳能源动力技术和 CCS/CCUS 低碳减排技术等方面的投入，鼓励技术创新；同时积极寻找切入点推动企业实现低碳转型。

三、美国

美国在 2007 年实现了碳达峰，为其开展气候外交奠定了良好的基础。近年来，随着极端天气的出现频率越来越高，其所带来的经济损失、对人类生命安全产生的威胁也越来越大，美国各州、市纷纷采取行动，应对气候变化带来的各种问题。下面对美国各州、市采取的行动进行总结，大致包括七项内容（如图 1-5 所示）。

（1）针对减少温室气体排放制定了明确的目标。为了应对气候变化，美国成立了美国气候联盟，所有加入该联盟的州都须同意实施碳减排政策，以实现《巴黎协定》关于将 21 世纪全球平均气温上升幅度控制在 2℃乃至 1.5℃以内的目标。根据美国气候联盟的规划，到 2025 年，美国至少要将温室气体排放减少 26%~28%。为此，美国各州制定了自己的碳减排目标，例如，加利福尼亚州计划到 2045 年实现碳中和，新墨西哥州计划到 2030 年温室气体的排放量相比 2005 年减少 45%。

（2）签署关于加强可再生能源发展的立法。清洁能源不仅可以减少环境污染，而且可以创造一些就业机会，带动就业，因此加入美国气候联盟的各州都在积极发展绿色经济。例如，内华达州通过一项法案，利用可再生能源取代化石能源发电，到 2030 年将可再生能源发电量在所有发电量中的占比提高到 50%。明尼苏达州计划到 2050 年让清洁能源 100%取代化石能源进行发电。

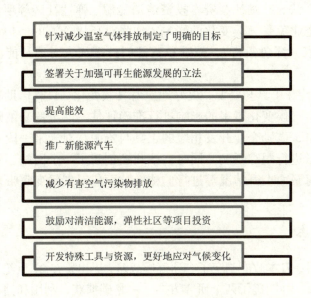

图 1-5 美国实现碳中和的七大措施

（3）提高能效。在美国的能源使用总量中，住宅与商业建筑的能源消耗占据了 40%。在这种情况下，很多州都将提高能源效率作为减少碳排放、应对气候问题的一项重要内容。例如，华盛顿州签署了一项立法，计划提高全州数千座大型商业建筑的能源利用效率，以减少碳排放。

（4）大规模推广新能源汽车。在运输业，乘用车的碳排放占比极高。因此，美国各州制定了相关政策，推动电动汽车、新能源汽车等零排放汽车快速发展。例如，2019 年 5 月，科罗拉多州空气质量控制委员会通过一项决定，要求汽车制造商在 2023 年之前将所生产的 5%的新能源汽车在当地销售；夏威夷州规定，如果居民安装新的电动汽车充电系统或者对现有系统进行升级，就可以获得一定比例的补贴。

（5）减少有害空气污染物排放。目前，世界各国都将温室气体减排的重点放在二氧化碳上，事实上，黑炭、甲烷、氢氟碳化合物等污染物排放也会在短时间内造成比较严重的污染。为了减少这类有害气体的排放，2019年，弗吉尼亚州宣布限制天然气基础设施与垃圾填埋场的甲烷泄漏；康涅狄格州、马里兰州、纽约州出台法规，禁止使用氢氟碳化合物；华盛顿州、佛蒙特州也发布了类似法规。

（6）鼓励对清洁能源、弹性社区等项目投资。例如，马萨诸塞州政府签署两项立法，鼓励社会资本投资清洁能源、弹性社区等项目，保护当地居民、企业免受气候变化的影响，加强对环境资源的保护；科罗拉多州成立一家"绿色银行"，鼓励私营部门持续加大对清洁能源项目的投资。

（7）开发特殊工具与资源，更好地应对气候变化。只有借助科学合理的工具才能对气候变化带来的影响进行准确评估。北卡罗来纳州发布了温室气体清单，鼓励企业开发相应的工具与资源，对未来一段时间温室气体的排放量进行跟踪预测。同时，该州还创建了一个网站，专门用于沿线社区对海平面上升情况等进行监测，从而应对气候变暖带来的一系列不良影响。

四、日本

2019年6月，日本政府制定了一项气候战略，提出要在21世纪后半叶尽早实现碳中和，并明确了两个研究方向，一是碳捕获、利用和储存，二是开发氢能源。日本在2020年12月公布了《2050年碳中和绿色增长战略》（下文简称《绿色战略》），旨在达到碳中和的目标。日本政府在报告中明确提出，将通过监管、补贴和税收优惠等措施推动日本低碳经济的发展，挖掘日本经济发展的新潜力。根据《绿色战略》规划，低碳经济的发展预期在2050年为日本的经济发展贡献2万亿美元。

具体来看，日本《绿色战略》主要阐述了以下几方面内容。

（一）多途径促进能源供应清洁化

化石能源是日本的主要能源，在一次能源消费中的占比超过87%。众所周知，化石能源燃烧会产生大量的二氧化碳。因此，日本想要开展碳减排、实现碳中和，调整能源结构、减少化石能源的使用是第一要务。为了促进能源供应的清洁化、低碳化，日本计划从三个方面着手（见表1-3所示）。

表 1-3　能源供应清洁化、低碳化的三大措施

措施	具体内容
发展海上风电	大力发展海上风电,制订可行的基础设施建设方案,推动包括系统、港湾在内的海上风电基础设施建设,打造强韧的供应链。到 2040 年,日本海上风电装机量预计达到 3000 千瓦～4500 千瓦,设备国产化率预计达到 60%,日本还将推动海上风电技术走出国门,深入开发亚洲市场
发展氨燃料产业	在燃煤电厂尝试应用 20%氨混烧技术、50%氨混烧技术和纯氨发电技术,开发新型高效的氨生产设备,构建海外供应链,保证氨燃料供给。按照《绿色增长战略》规划,到 2030 年,日本将有 20%的电厂使用氨混烧技术
发展氢能产业	加快涡轮氢气发电机、氢燃料电池商用车、氢能冶金的开发速度,研发大型液化氢和甲基环乙烷海上运输设备,加快日产水电解装置出口。预计到 2030 年,日本进口氢气的规模将达到 300 万吨,成本降至 20 日元/立方米。到 2050 年,日本氢气供应量将达到 2000 万吨

（二）应用新技术，加快重点行业减排脱碳

交通运输、工业生产、农业畜牧业会产生大量温室气体,为了减少温室气体排放,日本将积极研发新技术,帮助这些行业提高能源利用效率,推广应用清洁能源,加快二氧化碳的回收利用,实现深度脱碳,具体措施有以下几点。

（1）交通运输方面。交通运输行业的脱碳减排主要有四种方式:

第一,要大力推进电信产业的数字化转型。合理布局和选择绿色数据中心,建立和完善新一代信息通信基础设施,提高半导体、数据中心和信息通信基础设施的综合性能,以达到节能减排的目的。到 2030 年,新建成的数据中心将节约 30%以上的能量消耗,按照相关规划,日本要在 2040 年实现利用可再生资源来产生电能。

第二,积极推动科技创新,通过技术改造提高农业、林业、畜牧业、渔业的智能化程度,建立现代生态产业体系;利用森林、海洋、耕地等资源,推动减排工作。

第三,推动航空业实现低碳转型。一方面对飞机装备与推进系统进行电气化改造;另一方面积极探索将氢燃料作为飞机动力的可能性,同时,提高碳纤维和陶瓷等材料的性能,减轻机身与发动机的重量,提高运行效率。

第四,打造低碳物流,积极推进碳中和港口建设。提高物流效率,推动物流行业实现电动化、燃料脱碳化。

（2）生产制造方面。生产制造行业的脱碳减排主要有两种方式:

第一，积极推动通信行业实现数字化转型。对绿色数据中心要精心选址，建立健全新一代信息通信基础设施建设，提高半导体、数据中心、信息通信基础设施的性能，实现节能减排。预计到 2030 年之前，新建数据中心节能超过 30%，数据中心的电力使用可再生能源发电，到 2040 年实现碳中和。

第二，提高农业、林业、畜牧业、渔业的智能化水平。积极推进技术创新，创建自产自销的能源系统，利用森林、海洋、耕地等长期大量地储存碳元素，实现碳减排。

（3）循环利用方面。循环利用的主要方式有两种：

第一，对二氧化碳进行回收再利用。例如，在建筑行业推广使用能够吸收二氧化碳的混凝土，在能源领域使用藻类固定二氧化碳并生产生物质燃料，在生产领域推动二氧化碳分离回收设备的普及应用等。

第二，在全社会范围内普及资源循环利用理念。创建信息共享系统，推动塑料等产品生物化、再生材料化，推广使用再生材料，对化石能源燃烧产生的废气进行回收再利用。

（三）发展绿色产业，推动生活方式低碳化

随着低碳理念不断普及，低碳生活方式逐渐在日本流行，但因为还没有充足的低碳工具，低碳生活模式不完善，所以导致低碳生活在推行过程中遇到了很多问题。为了减少人们在日常生活中的碳排放，日本计划采取以下措施：

（1）积极发展开发绿色住宅、绿色商业建筑，发展太阳能工业；加快对人工智能开发的利用，合理进行用户能源管理；鼓励建筑周期内可循环的负排放建筑；发展下一代轻型太阳能电池，开发清洁能源。

（2）普及与发展人们在日常生活中的脱碳技术，逐渐将脱碳技术融入日常生活中。

（3）应用区块链技术建立碳交易市场，促进运输和物流的发展。

五、全球其他国家碳中和路线图

2015 年 12 月，将近 200 个《联合国气候变化框架公约》缔约方在巴黎举行的气候变化会议上签署了《巴黎协定》，这是继《京都议定书》之后的第二个具有法律效力的气候协议，为应对 2020 年后的全球气候变化作出安排，

并确定了 21 世纪全球平均温度升高不超过 2℃甚至 1.5℃的目标,为全球的低碳转型指明了方向。在这次会议之后,许多国家都提出了减排的目标。截至 2021 年 1 月 20 日,全球已经有 127 个国家和地区提出了碳中和目标,其中,大多数国家预计到 2050 年实现碳中和,瑞典、芬兰等少数国家预计在 2035－2045 年实现碳中和,我国将实现碳中和的时间确定在 2060 年。下面我们对全球各个国家和地区提出的碳中和目标进行简单汇总。

(一)亚洲碳中和目标汇总

(1)在 2020 年 9 月召开的联合国大会上,中国宣布计划在 2060 年实现碳中和,并采取有效措施力争在 2030 年之前实现碳达峰。

(2)2020 年 4 月,韩国民主党在选举中获胜,其提出的"绿色新政"获得了选民的支持。韩国政府的"新政"承诺在 2050 年之前实现经济脱碳,结束煤炭融资。

(3)新加坡和日本作出了同样的承诺,"在 21 世纪后半叶尽早实现碳中和",但没有给出明确的时间。新加坡在 2020 年 3 月向联合国提交的长期战略中,表示会在 2040 年淘汰内燃机车,代之以电动汽车。

(二)欧洲碳中和目标汇总

(1)2020 年 1 月,奥地利联合政府在宣誓就职时承诺在 2030 年实现 100%清洁电力,2040 年实现气候中立。

(2)2019 年 6 月,法国国民议会通过投票将碳排放净零目标纳入法律。为了在 2050 年实现碳中和,法国新成立的气候高级委员会建议将碳减排速度提升三倍。

(3)2018 年,丹麦政府制订了一个到 2050 年建成"气候中性社会"的计划,制定了很多政策,例如,从 2030 年起禁售新的汽油和柴油汽车,推动电动汽车的普及应用。在 2019 年 6 月的议会选举中,气候变化是一个非常重要的议题,"红色集团"政党获胜后提出了更严格的排放目标,并通过相关法律作出了明确规定。

(4)冰岛是为数不多的承诺在 2040 年实现碳中和的国家之一,其底气在于利用当地丰富的地热资源和水力资源就可以获得几乎不产生碳排放的电力与供暖,接下来就是逐步淘汰运输行业使用的化石燃料,恢复植被与湿地。

(5)2020 年 6 月,匈牙利政府通过一部气候法,明确表示要在 2050

年实现气候中和。

（6）挪威政府承诺到 2050 年在国内实现碳中和。截至目前，挪威还没有发布任何有约束力的气候法，上述承诺只是政策宣示。

（7）2018 年 12 月，葡萄牙政府在 2030 年通过国际抵消实现碳中和发布了一份实现碳中和的路线图，涵盖了能源、运输、废弃物、农业、森林等方方面面的内容，宣布要在 2050 年实现碳中和。

（8）2020 年 6 月，爱尔兰三个政党通过了一项联合协议，同意设定 2050 年实现净零排放的目标，在未来十年内每年减排 7%。

（9）2020 年 5 月，西班牙政府通过了一份气候框架法案草案，设立委员会监督法案执行情况，并停止发放新的煤炭、石油和天然气勘探许可证。

（10）2017 年，瑞典政府制定了到 2045 年实现碳中和的目标，预计通过国内政策实现 85%的碳减排，剩余部分通过国际减排来弥补。

（11）2019 年 8 月，瑞士联邦委员会宣布计划在 2050 年实现碳净零排放，并通过议会修订气候立法，通过技术开发与技术创新推动碳中和目标的实现。

（12）早在 2008 年，英国政府就通过一项减排框架法，设定了 80%的减排目标。2019 年 6 月，英国议会通过修正案，将 80%调整为 100%。苏格兰议会制定了一项法案，承诺在 2045 年实现净零排放，并于 2019 年秋季正式形成法律规定。

（13）斯洛伐克政府承诺要在 2050 年实现气候中和。在欧盟成员国中，斯洛伐克是第一批向联合国提交长期战略的国家之一。

（三）北美洲碳中和目标汇总

（1）2019 年 10 月，加拿大特鲁多总理实现连任，承诺到 2050 年实现碳中和，并制定了具有法律约束力的五年一次的碳预算。

（2）2019 年 2 月，哥斯达黎加政府制定了一揽子气候政策，在 12 月提交给联合国的计划书中明确表示要在 2050 年实现净零排放。

（四）南美洲碳中和目标汇总

（1）2019 年 6 月，智利皮涅拉总统宣布智利会努力实现碳中和。2020 年 4 月，智利政府向联合国提交了一份承诺书，明确提出会在 2024 年之前关闭 8 座燃煤电厂，2040 年之前逐步淘汰煤电，到 2050 年实现碳中和。

（2）乌拉圭向联合国提交的报告表示，其将通过减少牛养殖、能源消耗与废弃物排放，在2030年实现碳中和，成为净碳汇国。

（五）大洋洲碳中和目标汇总

（1）斐济群岛是2017年联合国气候峰会第23届的主席国，为了以身作则，彰显自己的领导力，2018年其向联合国提交了一份计划，明确表示要在2050年让所有经济部门实现净零排放。

（2）2018年9月，马绍尔群岛向联合国提交了一份报告，承诺要在2050年实现净零排放，但没有发布具体的政策。

（3）在新西兰，二氧化碳的主要来源是农业。2019年11月，新西兰通过一项法律，为除生物甲烷以外的所有温室气体设定了净零目标，因为生物甲烷的主要来源是绵羊和牛，为了不影响当地经济发展，新西兰设定了到2050年将生物甲烷在2017年的基础上减少24%～47%的排放目标。

第二章　高质量发展的时代解读

第一节　高质量发展的理论和现实背景

一、高质量发展的理论背景

高质量发展理论的提出，具有深刻的社会经济背景和严密的理论逻辑，是理论与实践相结合的产物，丰富了中国特色社会主义理论体系。

（一）我国提出高质量发展的理论背景

1. 中国特色社会主义进入新时代

党的十九大报告指出："经过长期努力，中国特色社会主义进入了新时代，这是我国发展新的历史方位。"这一重要的政治主张，对中国社会与经济发展的新阶段和新特征进行了定位，为今后我国发展方向和方针政策的制定提供了坚实的理论基础。这一论断指出我国经济发展要开始转变思路，逐渐完成从量到质的转变，对整个发展的整体影响深远。从社会主要矛盾上来看，我们国家的主要矛盾已经发生了变化，现阶段的主要矛盾是人民日益增长的美好生活需要和不平衡不充分的发展之间的矛盾。在发展环境和发展条件上发生深刻变化的社会背景下，社会发展产生了新的需求，我们党及时转变思想，在理论上取得了新的突破，在执政方式上取得了进步，为适应新时代中国特色社会主义建设奠定了基础。

习近平新时期中国特色社会主义思想提出的"八个明确""十四个坚持"，构成了一套系统化、科学化的理论体系。习近平新时期中国特色社会主义思想包括新时期坚持和发展中国特色社会主义的总目标、总任务、总体布局、战略布局与发展方向、方式、动力、步骤、外部条件和政治保证等，为中国发展提供了新的理论总结和战略指导。"八个明确"与"十四个坚持"有机地融合在一起，充分体现了在习近平同志领导下的中国特色社会主义思想的鲜明特点。习近平同志在新时期中国特色社会主义思想中，明确提出了"坚持新发展"的时代要求。

2．坚持新的发展理念

发展是解决我国一切问题的基础，也是关键。发展理念是发展计划的先导，发展理念的正确与否，直接关系到社会与经济发展的成败。十九大报告提出，发展要以科学的方式发展，坚持创新、协调、绿色、开放、共享的发展思想。

"创新"强调了发展的动力问题。创新发展是以创新为基础和驱动力，发挥先发优势，培育发展新动力，优化劳动力、资本、土地、技术、管理等要素配置，释放新需求，创造新供给，推动新技术、新产业、新业态蓬勃发展。

"协调"强调了发展平衡问题。坚持协调发展，就是发展战略要有的放矢，抓住发展中的主要矛盾，就我国的经济和社会发展来说，要把重点放在促进城乡统筹发展、促进新型工业化、促进产业信息化、加快城镇化和农业现代化等方面。在协调发展的过程中，通过国家规划实现整体发展。

"绿色"强调了人与自然的协调与共存问题。坚持绿色发展，就是要在经济和社会发展的过程中坚持资源节约、环境保护、可持续发展，摒弃粗放型发展思路，坚决走生产发展、生活富裕、生态良好的文明发展之路。

"开放"强调了发展与外部的互动问题。坚持改革开放是我国经济社会发展的基本策略，在开放过程中要始终坚持互助互利、实现双赢的基本原则。此外，在开放过程中还要促进文化交流、优化经济区域布局，针对性地进行对外贸易和投资布局，形成对外开放新体系。

"共享"强调了社会公平与公正问题要得到重视和解决。坚持共享发展，共享经济社会进步的成果，要坚持发展为了人民的初衷。在经济与社会发展过程中，让人民群众在共建共享的发展过程中得到更多满足感，是增强发展动力，促进持续发展的基础。

新发展思想作为一种重要的战略思想，在整个经济发展进程中起着重要的作用。新发展理念始终坚持"以人为本"的发展思路，并科学地对实现什么样的发展、怎样实现发展的问题进行了解答，从而使人们更加深刻地理解中国发展的特点，为中国的发展提供了新的理论依据。

3．实现高质量发展

高质量发展是指在发展过程中，以创新作为第一动力，引领科技创新和绿色发展成为促进经济社会发展的内容动力，提升经济发展质量，实现发展方式的转变。

高质量发展是在对经济和社会发展的阶段性特点的理解日益加深的基础上提出来的新判断：中国经济正处于增速换挡期，面临着经济转型的巨大压力，必须及时调整发展战略，促进我国经济平稳转型。当前，中国经济要从追求高速增长转变为平稳的增长型发展，经济规模要从大转向精，要改变经济发展的内驱动力，转变经济发展方式，将绿色发展和科技创新作为我国经济发展的主要推动力。

高质量发展符合经济和社会的发展规律，这是我们当前和未来发展的基本需求。扎实推进高质量发展，提升经济发展质量，是促进国民经济健康持续发展的现实需要，也是顺应社会发展潮流的基本要求。发展高质量经济能够促进全面建成小康社会，为建设社会主义现代化强国奠定坚实的基础。在经济和社会发展过程中，要坚持质量和效益优先的原则，最大限度提升经济发展质量，持续提高我国的创新能力和国际竞争能力。高质量发展是党中央在正确认识和掌握基本发展规律的基础上，对我国经济和社会发展进行的有益探索。

（二）相关理论路径

高质量发展是经济发展到一定阶段后产生的发展诉求，这一规律在发达国家的发展历史中已经得到了验证。在西方发达国家的发展与转型历史中，出现了福特主义、调节主义、福利国家以及可持续发展等理论，与高质量发展及其转型探索关系密切。

1. 福特主义

安东尼奥·葛兰西把 20 世纪前期资本主义正在经历的新的生产结构的重大转型称为"福特主义"，把与之相应的意识形态称为"美国主义"。第二次世界大战后，福特主义在全球迅速扩散，并与各国特定的历史背景与文化制度相结合，形成了各类福利资本主义国家，并在政府、劳动、资本三者的关系调整中发挥作用。在劳动与资本方面，福特主义在经济社会制度方面体现为大批量、标准化生产，劳动力与资本紧密结合，呈现出新的劳动控制和人员管理方式，组织化、机械化的劳动力结构支撑了规模化生产。在政府与资本方面，政府通过各项干预手段引导经济发展方向，同时积极扩大消费和需求，通过社会福利体制保障社会稳定。在政府与劳动方面，将工人消费与社会劳动力再生产联系在一起，呈现出消费社会化的特点。在福特主义工业社会，政府为了支持实现福特主义需要大量刺激社会消费，维持规模化的社会生产和不断提升的社会福利水平。20 世纪中期，凯恩斯主义在英国等国家逐渐盛行，在政府管理、充分就业、增加消费等方面发挥了促进作用。政府在与充分就业增长水平相一致的情况下，调节集体薪资协议，通过规模消费标准化和普遍化，形成了有利于福特主义增长的集体消费形式。福特主义理论概括了第二次世界大战后发达国家的工业化模式，为中国工业化及其转型问题提供了一定的思路和借鉴。

2. 调节主义

20 世纪 70 年代，石油危机冲击与"滞胀"，凸显了福特主义和国家干预的弊端。这个时期产生的调节主义学派，从社会关系的决定作用角度，探讨资本主义生产模式的转型和发展，围绕工资—劳动关系及其影响这个本质联系展开，以期对制度理论进行重构。以米歇尔·阿格里塔为代表的第一代调节主义，试图从五类制度——就业系统、市场组织、金融系统、宏观经济政策以及国际体系的相互联系角度，解释资本积累的内在矛盾及其改进方式，认为资本主义再生产条件的变化是需要着重分析之处，资本主义调节即"社会创造"。以波伊尔等为代表的第二代调节主义，虽然在形式上继承了第一代制度分析方法，但是重点转向了五类制度组合以及相应资本主义模式多样性分析，根据一些评论者的说法，第二代调节主义离开了马克思主义基础。但是，值得肯定的是，模式多样性理论是在新的历史条件变化下，为发展道路选择可能性的理论探索，这也为中国的转型治理和高质量发展提供了借鉴。

3. 福利国家

第二代调节主义关于资本主义模式多样性的探索，涉及经济社会和自然等诸多主题，与之相比，欧洲福利国家理论尽管探索资本主义模式多样性，但是其核心论题是社会权利，理论来源主要是波兰尼的"去商品化"思想、马歇尔社会权利思想以及罗尔斯的正义思想。埃斯平·安德森分析了福利制度的产生、发展及其与经济现代化之间的关系，将福利国家分为自由主义、保守主义和社会民主主义三类，从福利国家建设的视角阐述了发展模式的多样性。20 世纪 80 年代以来，随着全球化、知识化和老龄化的加剧，福利国家理论的主题集中于效率与公平的权衡与社会凝聚上，其思想主要体现在 2000 年欧盟"里斯本战略"及其后一系列文本之中。福利国家理论的独特之处在于，根据各类福利国家的具体文化和制度状况，通过富有现实意义的理论探索，提出有针对性、前瞻性的政策建议，如积极的劳动市场政策、积极的社会投资政策以及社会保障改革建议等。福利国家理论中国的为发展问题提供了丰富的可借鉴的思路。

二、高质量发展的现实背景

（一）改革开放以来的高速增长

改革开放以来，我国经济持续高速增长。在 1978－2018 年的 40 年中，我国经济总量由 3679 亿元提高到 900 309 亿元，占世界经济的比重从 1.8% 提升至 16.1%；人均 GDP 从 1978 年的 156 美元提高到 2018 年的 9977 美元，由低收入国家上升为中等偏上收入国家。其中，我国平均经济增速接近 10%，在世界主要国家中名列前茅，成为世界经济增长的重要动力。

中国在多个方面都取得了显著成就。在主要产品方面，2018 年我国粮食总产量达到 6.6 亿吨，钢材产量 11.1 亿吨，谷物、肉类、花生、茶叶、粗钢、煤、水泥等产量稳居世界第一位。在科技创新方面，2018 年我国专利申请量为 154 万件，连续 8 年位列世界第一，研究与试验发展（R&D）经费支出 19657 亿元，在超级杂交水稻、高性能计算机、量子科学等重要领域取得重大原创性成果。在基础设施方面，2018 年我国公路里程达到 485 万公里，铁路营业里程达到 13.1 万公里，其中高速铁路为 2.9 万公里，占世界高铁总量的 60%以上。在人民生活方面，我国恩格尔系数由 1978 年的 64%下降至 2018 年的 28%，电视节目综合人口覆盖率超过 99%，国内旅游超过 55 亿人次，医疗卫生机构超过 100 万个。

从以上数据可以看出，我国经济经过改革开放以来的高速增长，在各方面都取得了显著成就，并为进一步的发展打下了良好基础。

（二）经济发展进入新常态

近几年，随着我国经济发展规模的不断扩大，经济发展已经进入新的发展阶段，其特征有 4 个：一是经济由快速发展转向中高速发展，经济发展特征突出稳定；二是在新经济形势的影响下，我国经济结构持续调整和升级，第三产业占比上升，逐渐成为拉动我国经济发展的重要动力；二是城乡地区差异逐步减小，城乡居民的收入稳步提升，经济发展的成果逐渐惠及全民；四是经济发展的驱动力产生变化，科技创新成为引领经济发展的新动力。

从我国经济发展的速度上来看，10%以上的经济增长速度将不再是我们追求的目标，经济发展需要从快速的增长向中高速发展转变。2018－2021 年年 GDP 的增长率分别为 6.1%、6%、2.3%、8.3%，除 2020 年受新冠肺炎疫情影响外，经济增速出现较大幅度下滑外，其余年份我国经济增速均保持在 6% 以上，这表明我国政府经济发展的宏观调控措施开始发挥作用，稳定增长型的经济模式成为我国经济发展的主旋律。我国在实现人均中等收入水平以后，经济发展环境发生了改变，这符合经济发展的一般规律。从当前的经济发展来看，虽然我国经济发展的增长速度有所减缓，但是由于基数较大，经济规模的增长并未放缓。改革开放四十多年来，中国的经济总量已经跃居世界第二，与改革开放之初相比发生了翻天覆地的变化，虽然每年都能维持 6% 的增速，但规模和增速都位居世界前列。2018 年中国经济 6.1% 的发展速度显著超过了世界大多数经济体，在全球经济增长的贡献率上更是达到了 30%，继续成为拉动全球经济增长的主要动力之一。

随着国际经济形势和国内经济发展阶段的变化，持续三十多年的高速增长转为中高速增长是必然现象和客观规律，同时也要求我们从注重增长速度转向注重发展质量。

从结构来看，我国经济结构不断优化升级。2019 年，我国第一、第二、第三产业增加值占比分别为 7.1%、39.0% 以及 53.9%，内需对经济增长贡献率为 89%，其中，最终消费支出贡献率为 57.8%。我国居民消费潜力不断释放，消费需求拉动力明显增强；服务业尤其是生产性服务业加速发展，对经济增长的带动作用大幅提升；以新产业、新业态、新商业模式为代表的"三新经济"加速成长。

从动力来看，我国经济发展动力正由要素驱动、投资驱动转向创新驱动。2019 年，我国科技进步贡献率达到 59.5%，研发支出达到 2.17 万亿元，占 GDP 比重提升至 2.19%。随着资本、劳动、土地等要素投入的边际收益递减及资源环境约束的增强，我国经济发展的动力势必要转向更加内生的创新驱动发展。在此阶段，如果经济发展方式不能转向创新驱动，就将面临长期下滑和不可持续的风险。创新驱动需要提高全要素生产率，从以往依靠要素投入数量的增长转向依靠技术进步的增长。2019 年，我国全员劳动生产率增速为 6.2%，达到 11.5 万元/人。根据世界知识产权组织（WIPO）发布的《2020 年全球创新指数（GII）报告》，中国位列全球第 14 位，是前 30 位中唯一一个中等收入经济体。在我国经济进入新常态的情况下，需要更加注重创新驱动，切实提高经济发展的质量。

（三）社会主要矛盾发生历史性变化

在当前的经济发展形势下，我国的社会主要矛盾已经发生了转化，追求高质量的经济增长成为下一步经济发展的主题。1956 年中共八大提出，我们国内的主要矛盾，是人民对于建立先进的工业国的要求同落后的农业国的现实之间的矛盾，是人民对于经济文化迅速发展的需要同当前经济文化不能满足人民需要的状况之间的矛盾。在改革开放之后，中国共产党积极总结历史经验，对社会和经济发展面临的主要问题进行了深入的剖析，在实事求是的基础上作出了科学的论断，将我国社会的主要矛盾描述为，人民日益增长的物质文化需要同落后的社会生产之间的矛盾。随着中国经济的不断发展，人民群众的收入和生活水平不断提升，中国的社会主要矛盾又一次出现了新的变化。2017 年，党的十九大明确提出，我国社会主要矛盾已经转化为人民日益增长的美好生活需要和不平衡不充分的发展之间的矛盾。

目前，发展不均衡、不完善是经济发展过程中的一个重要问题。发展不均衡主要是指各个地区、各个领域发展不均衡，对经济质量的整体提升造成了影响。就当前社会的主要矛盾来看，发展不均衡和不充分是制约人们对美好生活的需求得不到充分满足的重要原因。我们必须坚持以发展为根本，努力处理好发展不均衡和不充分问题，促进经济与社会的全面发展，不断完善惠及全民的经济发展体系。

当前，我国的社会主要矛盾发生了重大变化，对整个国家的经济发展格局和社会结构都产生了深远的影响。与过去不同的是，随着经济的发展和人们需求的逐渐增加，涉及的范围和领域不断扩大。除了充足的物质需求，超越了物质的精神需求不断增加，扩展到了法治、公平、安全、生态等方面。新时期，人们对美好生活需求的最大制约因素和矛盾的焦点，是从生产力要素转变成为需求与发展之间的失衡。

总而言之，当前的经济形势和社会发展环境要求我们必须从快速发展转变为高质量发展。

第二节　高质量发展的理论逻辑

从政治和国家福利的角度来看，高质量发展是一种伴随着人们收入增长而催生的发展需求。第二次世界大战后，发达国家大力推行更加完善的社会保障政策，从经济、社会和国家治理三个方面对高质量发展模式进行了探索，随着时间的推移，各项政策不断完善。在经济发展方面，高质量发展要重视综合效益。在社会发展方面，高质量发展注重创新和社会协调并举。作为一种"全面的发展理念"，高质量发展是社会和经济发展现代化的基本符号。在本质方面，现代化的进程是经济与社会持续高质量发展的过程。

随着知识型中产阶层的出现，西方国家开始了高质量的发展。从发展进程来看，西方国家高质量发展主要包括两个时期：

一是以美国福特经济主义的全球化为开端，西方国家的经济发展模式开始出现转变，社会生产结构不断优化。西方国家发达的基础经济和齐全的产业部门，为经济转型和社会事业发展奠定了坚实的基础，从而推动了高质量经济发展模式的建立。20世纪50年代到70年代，西方国家经济迅速发展，社会支出急剧上升。

二是以自由主义的全球化为载体，西方国家的社会与经济发展进入了一个新的发展阶段。这一时期的特点是：社会开支增速减缓，并且达到支出比例的顶点；建立了比较完善的社会制度体系，形成了制度网络；知识型中产阶级取代"蓝领"，并与高度城市化、服务结构化、消费结构高端化等趋势相匹配。20世纪80年代后，知识和创新成为经济发展的主要动力，知识经济成为发达国家经济发展的标志，这是近代资本主义发展模式的一次巨大转变。

作为连接经济、社会和治理的重要纽带，知识型中产阶层的不断扩展成为高速城镇化的核心推动力，为保持社会稳定提供了坚实的基础。在理论层面上，我们可以将高质量的社会发展机理分为三个层次：

一是社会高质量与经济高质量关联方面，知识型中产阶层扩大，形成了工业型社会向知识型社会演进的基础。

二是治理高质量与经济高质量关联方面，以经济建设为中心转向经济发展服务于社会发展转变。

三是从经济与社会的发展角度来看，知识经济时代要求发展型国家向规范化型国家转变。过程理论与因果积累理论对此有所阐述，指出了在现代经济系统中互补要素对发展变革的推动或遏制作用，而发展的不平衡正是在这些要素的相互作用中产生的。

中国以经济建设为核心的发展理念是在一定的时代背景下产生的。从根本上讲，高质量发展问题是一个系统性问题，制度和科技是保障高质量发展的重要手段，我们可以从以下三个方面来解决影响高质量发展的制度建设问题：

一是打造服务型政府，即以经济发展为目标，以服务于社会发展、强化劳动保障与社会安全为最高追求。

二是打造安全型政府，在发展过程中，政府应该把关系到整个民族未来发展的战略性产业纳入经济安全保障体系中，如农业经济的发展。

三是打造引导型政府，以高水平的经济和社会协调发展为目标，在经济杠杆的作用下以信息化、知识化的发展为目标，通过对企业的产品品质标准体系建设、中介服务组织建设、文教研发体系建设等方面的支持，引导经济的发展方向。

一、发展模式多元化与经济表现

我们对一些典型的发达国家的经济发展模式转变进行研究，可以得出对我国经济发展有益的经验。总的来说，北美、西欧、日本等先进国家及地区在第二次世界大战后所走过的高质量提升道路，可以被归纳为从以生产性供应为主到为社会发展提供资源为主。

（一）协同供应推动企业效益不断提高

发达国家第三产业的劳动生产率比第一产业、第二产业高，而且服务业结构和技术优势极大，为城镇化的发展提供了有利条件。服务业的高度发展使其技术能力逐渐向第二行业靠拢，即服务业的知识和技术向更广泛的产业领域渗透，这是从产业协同角度理解高质量发展的切入点。发达国家服务业之所以高效，是因为它们有着悠久的经商历史和注重知识生产分配的传统，而福特运动在 20 世纪 30 年代到 50 年代在美国的兴起和发展，使得纵向整合的规模经济和对知识的需要不断增长，从而使发达国家的现代化行业之间的关系更加紧密，可以通过协调工业和服务业来促进生产力的发展。

（二）需求端消费升级促进知识型中产阶层扩大再生产

虽然没有理由相信欧亚发达国家生产率与美国的差距将持续存在，但有必要强调历史数据中蕴含的一个理论意义：高度城市化可持续的必要条件是服务业结构的高端化。继工业技术之后，信息技术与知识创新成为发达国家激烈争夺的制高点。同时，20 世纪 80 年代以来信息通信技术的发展，也导致国际分工格局发生了重大变化。新格局以美国知识创新为主导、以欧亚诸强国产品创新为支撑，国际分工的中心即在外围产业链条中的新兴工业化国家，承接低端产业转移且为发达国家清理过剩产能提供了市场。但是，建立在产业结构服务化背景下的这种分工格局，使得中心国家和外围国家面临着不同的选择。一方面，为了把握知识经济机会、保证高效率的实现，发达国家政策日益聚焦于社会发展对经济系统的嵌入，如何稳固知识型中产阶层的扩大再生产成为他们的关注重心，20世纪80年代以来，比较政治经济学和福利国家理论的迅速发展即是证明。另一方面，国际分工新格局下，新兴工业化国家受到了来自技术创新和知识创新的双重竞争压力。劳动力或自然资源的静态比较优势只能为国家带来短期利益。

在消费升级、服务业结构优化和中产阶层之间关系的研究上，之前许多学者持一个观点，即发展中国家和地区的服务业与发达国家相比，服务业在科技、文化和消费构成上有很大的差别。拉美地区的经济增长陷入了一种长时间的停滞状态，与在亚洲的一些新兴工业经济体类似，这些国家和地区的高端消费比例一直被压制在20%以下。发达国家的发展经验告诉我们，高质量的发展需要服务业的支持，尤其是科技、文化和卫生事业的进步，对推动高质量发展具有重要的现实意义。在市场导向的经济模式下，消费结构升级是推动产业结构升级的基础性动力。因此，只有不断优化消费结构和消费理念，才能从根本上推动服务业的发展，提高经济发展的质量。

（三）工业化高增长与需求端公共服务支出扩大并行

福特主义在发达国家的扩散，保证了技术创新、劳动生产率提高与工资收入增长的互动，这种协调机制为公共财政提供了稳定的税收来源，并反过来成为需求端公共服务支出和消费能力持续提升的保障。发达国家建立健全的社会保障制度，是在对经济大衰退进行反思后采取的措施。社会生产力的迅速发展、社会财富规模的扩大，为社会福利观念的形成奠定了基础。值得指出的是，在第二次世界大战之后，欧美等发达经济体，以及后来经济迅速恢复和发展的日本，其快速实现工业化和都市化的主要原因都在于社会保障制度的植入。20世纪50年代到70年代，社会结构的优化与各项社会事业的发展，体现了高质量发展的成果。在高质量发展模式下，普通民众开始享受到经济发展和社会进步带来的发展红利。

与工业化时期比较，在高度城镇化背景下，多元化依然是西方发达国家主要的发展方向，其中主要表现为：

（1）欧洲国家实行社会保障制度，但经济总体发展速度较慢，社会保障转移支付约占国内生产总值的30%。英国和美国都是以节省资金为基础的社会转移付款体系，但增长不大。

（2）在欧、美、日等发达国家和地区中，政府的财政投入依然十分重要，在大部分国家中，教育经费所占GDP比重超过4.5%。

（3）不同的社会消费方式不同，其原因在于不同国家的体制结构和发展历史不同。在技术、信息和文化的交流等共同要素的影响下，社会消费结构和消费方式在一定的程度上发生了共同的变化，而从长远来看，在世界范围内，社会消费趋同的内在机制从本质上是无法改变的。

（四）规制型国家与就业保护

除公共支出外，社会保护对生产系统嵌入的第二个重要机制，表现为正式、非正式规则与生产系统效率的互补，这是规制型发达国家与发展型国家的重要区别。例如，关于对日本发展的一些研究说明，日本对生产率的理解是基于劳动关系而非简单的投入产出的利润最大化。实际上，这种理解同样适用于包括英美在内的所有发达国家，其在实践中都非常重视就业保护在生产系统中的嵌入。

在生产体系中，正式规则、非正式规则与生产性制度之间的相互补充，构成了除公共开支外第二项主要的社会保障规制，这也是社会保障制度更加完善的一个表现。在对日本经济发展的研究过程中，学者们发现日本人对生产力的认识是建立在劳动关系基础之上的，而不是单纯的通过追求投入来获取更多的利益，劳动关系的调整和完善是日本企业非常重视的一个经营环节。

不同文化、价值观对福特主义的融合与改造，形成了发达国家工业化模式转型的多样性。作为连接微观生产组织与宏观制度组织的枢纽，就业与福利关系的特殊性使得各国的发展模式有所差异。20世纪80年代以来，工业化向高度城市化的演进以及向资本主义的转型，均是围绕这个硬核的调整与完善展开的，并使得发达资本主义国家保持了就业—福利动态平衡。与此相比，当代大多数发展中国家普遍缺乏就业—福利动态平衡的能力，导致城市化发展对效率的偏离和福利国家的不可持续。规制型国家就业—福利系统的治理核心是集体讨价还价，根据政府、雇主和员工的关联方式，分为以下几种模式：

日本基于公司的福利国家模式。这种模式形成于大规模工业化时期，强调提高生产率的目的是增加就业；管理层必须根据公司实际状况，向工人说明如何提高劳动生产率；生产率带来的收益必须在管理层和工人之间公平分配。此外，终身雇佣、年功序列以及管理上密集的信息同化是日本企业福利的显著特征。

德国模式。德国模式具有"授权式政府"的特点，这也和德国的文化、历史传统有一定的关系。德国政府与各种社团在协商制定法律和各种社会规范时，也就意味着政府赋予了团体一定的自治权限，以此来填充和完善法律规范的不足，从而更好地促进整个社会经济、发展和保障体系的运作。

北欧模式。北欧国家实行的是一种普适的福利体系，它的特点是强调社会公平，在没有像德国这样的市场的情况下，也能享受到适当的工资保证。

英美模式。与以上集中谈判的协作模式相比，英美的雇佣福利模型采用了政府直接干涉的手段，即强化或减弱联盟的权力，或通过提供社会保险来解决社会保障问题。自 20 世纪 80 年代开始，由于社会保障需求的结构性变化，产业福利制度的发展受到了更大的冲击，社会保障体系的构建面临新的挑战。所以，有些机构意识到，定义福利好坏的社会模型应该与社会开支的大小脱钩，而是要解决政府和企业部门的利益矛盾。进入 21 世纪以来，信息化、知识化和经济结构的服务化已经使工业时代的发展观念发生了变化，包括制度适应性、福利效率的动态均衡、社会发展和经济发展的协调。在新的经济形态面前，尽管从发展型到规范型国家的转变仍有很多问题需要解决，我们还是必须要积极研究当前经济发展形势，找准解决问题的切入点。

二、高质量发展的动力与机制

（一）高质量发展：整体观与福利国家论

1. 整体观——高质量特征

高质量经济、社会的发展和治理蕴含着对高质量发展的一些理论认识。从本质上讲，发展是一个不断寻求报酬递增机制的过程。从绩效上讲，低质量是长期从事完全竞争生产活动的结果，由对人口红利或资源禀赋的过度依赖所致，报酬递减、不可持续是其特征；高质量是长期有计划地建立技术竞争优势的产物，其突出特点是人口质量、社会效率和体制效率不断提高，基本特点是报酬的持续递增和可持续发展。总之，高质量发展是一种不断提升和进步的总体发展观，它的主要特征是：经济、社会、制度体系的现代化程度。

从整体上看，高质量发展有着三个相互关联的层次，即经济结构的协调提升、知识型中产阶层（或知识白领）在社会结构中的再生产，以及体制对创新和社会保障的积极影响。因此，高质量经济的发展可以被视为高质量社会的产物与高质量政府的工作成效，只有不断促进社会体制的改革，才能实现更高质的发展。

就更深的层次来说，我们可以将结构条件变动和报酬增加的机理纳入制度比较和演进的理论框架之中。一方面，由于内部经济和社会制度领域的相互补充和相互联系，这促使发展方式发生变化；另一方面，由于国情的差异，导致多层次的国际分工，从而形成了发展方式的多样性。同时，随着世界贸易与经济全球化的发展在各种制度路径上出现了许多共同的倾向，例如，经济指标的收敛、社会和治理的现代化。从国际分工的核心与边缘的联系方面来看，制度差异或一般趋势的偏差对各国的发展影响深远，造成了发达与落后国家的"同步脱轨"问题，通俗来说就是区域核心国家为周边国家提供了一个基准和目标，促进其经济、社会和治理的现代化。

2. 福利国家——高质量取向

（1）从发展主义到福利国家论。虽然传统发展理论大多注重工业化过程分析，但是仍然遵循了整体观的基本立场，如格申克龙在对后发优势的论述中，特别强调包括对政府政策、经济组织和价值观在内的有序体系的重塑。同样，诺斯也把构建完善的体制作为促进经济发展的关键因素，并着重指出了组织与规则在实现收益递增的过程中所起到的重要作用。经济发展是一场深刻的社会变化，在实现财富增长的过程中不可避免地要适应环境的变化。欧洲传统资本主义国家对美国模式的追捧，日本以及亚洲经济体的崛起，既为高质量发展理论的实践提供了多种理论范例，也为我们从理论走上高质量发展道路提供了借鉴。埃斯平·安德森指出，各国政府建立和改善劳动关系，正是第二次世界大战后的资本主义发展特点和基本动力，促使生产迅速走向一个新的社会维度。20世纪50年代以后，发达经济体的社会开支迅速增长，加上"薪酬协商"制度的不断健全，使福利体系与社会分配体制达成了动态协调，从而具备了在广义人力资源开发意义上调整的生产关系，也极大地促进了劳动效率，推动了经济的高质量发展。

（2）高质量发展的两个递进阶段。由以发展为导向到以社会为导向的转变，资本主义国家的发展观念发生了阶段性的变化。我们可以看到，在以经济为核心的工业化过程中，生产的发展促进了物质产品的丰富，同时促进了生产力发展水平的提升，从而促进了人类社会的进步。欧洲和日本在经历了第二次世界大战后，经济亟待恢复，这时福特主义在"大工业化"时代的全球得到发展。日本和欧洲国家借此建立了现代福利体系的雏形，社会福利制度不断完善，经济和社会实现了高质量的发展。高质量发展的概念最初是随着消费主义思潮的出现而产生的，但到了20世纪50年代后期，由于劳动关系模型的建立，西方国家的研究重点逐渐转移到了对劳动关系的保护上。艾哈德认为，德国经济复苏是以高效和优质的产品作为基础的，政府的发展目标在于确保人们生活水平的提高，刺激消费意愿，并以此把其利益转移到消费者身上。这无疑是在第二次世界大战后福特主义在世界范围内发展的一个突出体现。这些概念是物质资本在累积过程中形成的，在一定的历史阶段发挥了重要的作用。

由生产高质量产品向建设高质量社会的转型，这一转变源自 20 世纪 80 年代以后知识型经济的兴起，是西方发达国家针对社会公平问题进行的缓和社会矛盾的改革。高质量的现代化发展体系不能简单地归结为收入与消费指数这一单个数据系统，必须综合考虑经济系统、社会系统和政府管理系统等方面。虽然高质量发展系统的建立非常困难，但其具有很强的稳定性。随着工业化的迅速发展，人类都市化与工业化时期的物权体系不断发展。在都市化过程中，更多的制度需求被引入社会制度体系，尤其是共享、公平、效率等领域，这对政府的管理水平提出了很高的要求。

（二）高质量发展：联系、过程与机制

在英国工业革命之后，欧洲和北美等地区发生了对英国工业化的追赶，这点在格申克龙文献中，以及在罗斯托关于现代经济起源的论述中，似乎都在强调老牌西方发达国家为了达到高质量发展而进行技术竞争的努力。虽然欧美等其他国家和地区在追逐英国初期曾有过一段短暂的仿效，但最终都在自己的技术革新中获益并最终取得了成功。从以往的经验来看，在劳动和自然资源具有较强比较优势的基础上，从发展型国家逐步发展成为发达经济体的例子并不多见。经济质量与总体的发展观相关，高质量的经济、社会和政府管理构成一个稳定的互补系统。反之，以静态优势为基础的发展战略有很大的缺陷，且必须要设计一套与之对应的社会管理体制。当经济体以自身静态优势为基础发展时，会由于其对制度的路径依赖以及利益相关方的干预，使得其发展最终陷入困境。拉美国家的近代经济发展史便是很好的例证。

从罗森堡与小伯泽尔对西方社会和经济变化的研究中可以看出，资本主义的财富是由制度、组织、技术等方面的相互作用而产生的。西方发达国家的经济社会发展系统能够与产品配置系统共同进化，并通过集体或个体协作的方式实现创新与利益共享的动态平衡。从现代化的演变趋向来看，第二次世界大战后福特主义的发展是资本主义经济社会治理高质量发展的真实写照。

从 1950 年到 1970 年，各国的社会开支在 GDP 中占的比重迅速增加，使

全球主要资本主义国家步入一个高速发展和高质量发展的阶段，而支持这一过程最根本的体制架构就是福特利益共享机制。在"滞胀"与新自由主义的影响下，20世纪80年代，西方国家开始了改革的尝试，试图通过体制改革来应对由知识型经济所影响着的高城镇化进程。中国的改革开放也是在这样一个全球性的大环境下进行的，党和政府清楚地认识到体制和管理体制的现代化是实现高质量发展的基础。

1. **整体观背景下的基本框架：制度互补性与社会保护嵌入**

从法国调整学说的角度，对高质量发展的基本分析体系框架进行回顾和分析，可以将其分为三个层次。

首先，我们要了解波伊尔与塞拉德的调整理论，该理论是从五个不同的发展模型出发，并根据国家和社会的特定特点来解释五个不同系统的组合方式，并对它们的演变进行了对比。自20世纪80年代起，在国际上，在比较政治理论和社会保障理论中最受重视的五种体制结构说明如下。

一是竞赛的方式。在第二次世界大战后，由于不同国家价值观念和体制的依赖性，导致出现了两种不同的竞争组织形式：一种是以价格信号为基础进行体制协同的市场型竞赛模式，另一种是以组织协作为基础的非市场型竞赛模式。

二是劳动与管理的联系。以国家、工会和雇主的协商为基础的国家社会福利模型，20世纪50年代以后，西方国家出现了两个主要的利益共享机制：集中的薪酬协商和非中央薪酬协商。

三是金融协调。这是对竞争和劳动关系的补充，是由银行和金融机构等不同金融单位进行的福利制度协调。

四是福利国家。建立一个稳定的社会福利制度，在政府的引导下通过与其他体制的协调，实现稳定的社会福利系统。一般来说，政府可以通过就业、教育、税收等政策来调整居民的收入和达到社会的整体均衡目标。

五是国际经济。在区域发展呈现"中央—周边"的共赢发展模式下，发达国家通过高质量的经济、社会和治理来维护自己的核心位置，构建所谓的"国家竞争力"。

其次，在全球范围内存在着一个多层次的体制平衡。按照以上五种体制安排，持续征引阿马布勒对模型的差异研究进行分析。四种主要的资本主义模型都是建立在其历史特征基础上的（见表2-1所示）。也就是说，不同的发展方式取决于不同的体系结构。自由市场经济和社会民主是两个不同的体系，代表了制度谱系的两个发展方向以及以下几种模式。

一是英、美等国家的经济模式。英美经济模式突出的特征是强调市场的竞争，希望通过市场机制来实现社会保障目标，但在市场经济自发性的影响下社会保障水平发展的均衡性难以得到保证。

二是北欧国家及地区的民主政治经济模式。这种福利国家的模式实行的是普遍化的社会保障形式，与其他以支付为基础的福利体系相比，北欧各国对社会保障均衡性的重视程度更为突出。

三是以德国和法国为典型的欧洲国家及地区欧洲大陆资本主义模式，采用的是国家权力不干涉社会保障形式，由一系列标准的协商合作制度来规范劳动关系，通过协商来确定利益分配的方法。

四是日本资本主义模式。日本发展主义在20世纪50年代后期逐渐形成，区别于西方国家的策略，日本企业通过给员工提供长期甚至终身性质的劳动岗位来为员工的生活提供保障，形成了以企业为核心的劳动关系和社会保障体系。

表 2-1 四类资本主义模式（及其代表性国家）

类别	自由市场经济： 英国　美国	社会民主经济： 瑞典　丹麦	亚洲资本主义： 日本　韩国	欧洲大陆资本主义： 德国　法国
产品市场	不干预，价格机制协调，开放	高度干预，质量竞争，非市场协调，开放	高度干预，价格与质量竞争并重，大公司主导，抑制国外竞争，非市场协调	政府授权，适度的价格与质量竞争，相对较高的非市场协调，开放程度较高
劳资关系	中心化的工资谈判，就业保护程度低，消极的就业政策	适当的就业保护，中心化的工资谈判，合作的劳资关系，积极的就业政策	大公司就业保护，二元劳动市场，合作的劳资关系，离中心化的工资谈判，消极的就业政策	高度就业保护，就业稳定，合作的工资谈判，积极的就业政策
金融体制	发达的金融市场，保护中小投资者，所有权分散，机构投资者，风险资本大	银行集中度高，金融市场不发达，机构投资者高份额	银行集中度高，银行参与公司治理，有限的风险资本	银行集中度高，企业来自银行融资比重高，有限的金融市场
社会保护	弱社会保护	高度社会保护，高度干预，公共政策中强调福利社会	低度社会保护，社会转移支付比重低	高度社会保护，基于就业的社会保护，缴费的社会保险
教育	低公共支出，高度竞争的高等教育体系，非同质的中等教育，弱职业培训，重视通用技能，终身学习	高公共支出，高入学率，重视初中级教育质量，重视职业培训，重视特殊技能，终身学习	低公共支出，高入学率，重视中级教育质量，企业内职业培训，重视特殊技能，企业内终身学习	高公共支出，高入学率，重视中级教育同质性，重视职业培训，重视特殊技能

最后，关于各种体制补充问题。实际上，在发达国家推行福特主义模式的工业化，虽然会将本国各个行业的生产力提升看作一个基本的发展要素，但生产力的发展却不仅仅局限于单纯的技术提升，对劳动关系的社会保障也是西方国家追求的一个重要目标。不论是上述一些范例所显示的高质量发展趋向与法则，还是体制建设类型与所在国家的具体结合方式，都反映出一种综合发展理念：即经济与社会的动态平衡及个人与国家之间的关系协调。我们可以对高质量的体制补充和低品质的体制互补进行比较。

一是建立高质量的体系。从技术革新的角度来分析，发达国家在技术革新的基础上，对规模经济进行了纵向整合，挖掘了报酬递增的潜能，促进了资本主义经济发展，更深层的原因是建立了符合资本主义发展的经济体制，不同的利益主体暂时达到了利益的平衡。英美两种不同的体制，在没有形成企业或政府基础上的有力协作机制的情况下，也能将就业契约、社会保障和金融市场多样化有机地融合在一起，促进社会规范、激励与宏观稳定性的有机统一。

二是低质量制度模式。大规模工业化后期，发展中国家普遍陷入"中等收入陷阱"的原因，表面上是生产结构出了问题，但根本上是五类制度安排的失衡——或者是受制于制度路径依赖，无法形成有效的妥协机制，或者是市场规则缺失，或者是政府过度干预和保护等。这类低质量发展模式从一开始就从事外围竞争性生产，而与之配套的治理规则，也仅仅是为了强化垄断利益集团的报酬，进而在根本上损害了整体发展质量、扭曲了经济结构。

2. 发展与分享：效率-福利动态平衡

接下来，我们对高质量制度互补的动态关联作出简要分析。结合整体观和两阶段现代化路径的理论解释，我们提供以下基本思路：就制度的多重均衡性而言，各国经济、社会和治理组合方式的选择，由各国的特定经济社会历史条件所决定，尽管各个国家的发展路径多种多样，但是仍然具有发展质量的可比性，主要体现为效率和福利之间的动态平衡能力以及消费结构的高端化。发展与分享是一个进步着的社会化、制度化过程。现代经济理念的发展以知识型中产阶层主导地位的形成为标志，其发展过程大致分为物质积累的工业化阶段和人力资本升级的高度城市化阶段。在这个转型过程中，发达国家经济、社会和治理质量不断提高，连续和稳步的现代化升级塑造了其信任、稳定与和谐的现代性。

（1）基本前提。毋庸置疑，相互联系的核心治理结构——劳资关系主导的企业治理体系与社会支出主导的国家治理，构成一个国家发展制度的多样性，并影响其制度的生成、演化及完善。就制度完善而言，主要由三个部分构成，即呼吁、退出与嵌入。此处，政府需要做的工作就是尝试着把赫希曼的理论逻辑应用于对制度互补本质的认识上。通过呼吁与退出将价格信号和非市场治理机制嵌入经济、社会和治理的各个环节，主要作用是经由竞争、合作机制的建设，完善纠错改错机制，抵消报酬递减的冲击，避免由于信任的缺失导致的失衡甚至崩溃，简要展开如下。

第一，经济层面。呼吁-退出机制对于经济高质量发展的重要性，体现在消费者对低质量产品的极度厌恶上。在标准化产品生产的大工业化时代，消费者注重产品的质优价廉。随着消费水平的提高，消费多样性需求呼吁创新和产品升级。这种市场竞争压力传导到企业内部，一方面增加了企业对技术工人的需求，另一方面推动了劳资关系的改善，企业利润与工资福利挂钩成为现代企业管理的一个重要特点。

第二，社会层面。社会保护的呼吁既体现在微观层面上，也体现在宏观层面上。在微观层面上，呼吁国家劳资关系立法，以保证工人收入稳定；在宏观层面上，呼吁社会对公共性、战略部门，如教育研发、农业、卫生健康等部门给予财政支持。20世纪的最后20年来，在发达资本主义国家中，社会保障体系越来越具有战略意义，企业福利制度在大公司内也具有重要的补充作用。

第三，国家治理层面。发达国家在认同呼吁-退出机制的前提下，通过降低政治立场表达成本来实现个体对国家治理的参与。呼吁和退出包括对正式公共组织和民间组织的信任与不信任表决，对监督国家社会保护以及社会发展状况具有重要意义。

（2）核心动力。呼吁的渠道是经济社会发展中的各类正式、非正式规则，宏微观制度的不完善有可能会对社会经济的发展造成影响，反过来会阻碍效率-福利动态平衡，削弱对核心动力的培育。贯穿发达国家高质量发展历史历程的一个基本特点是资本积累要服务人力资源素质的提升，也就是说经济发展最终的目标是社会发展。知识群体在20世纪50年代崛起，并在80年代成为引领现代城市化进程的中坚力量，知识群体的崛起意味着现代经济发展核心动力的改变，现代经济发展进入知识时代。对于知识经济及其发展的积极意义，我们可以进行如下阐述：

第一，使消费更高效。第二次世界大战后，工业化取得了巨大成就，资本积累和技术人才积累为后来的工业化进程打下了深厚的基础。在知识经济发展过程中，知识群体促使社会消费结构升级，带动了基础工业和制造业的发展。此外，知识群体的不断壮大形成不断积累的高素质劳动群体，改善了劳动要素和工业结构，这也是知识经济的效率之源。

第二，使经济系统稳步发展。作为一个职业分布广泛、价值观多样化、且极具进取精神的阶层，知识型中产阶层通过提供智力成果促进创新、创造财富，为经济的发展提供稳固的动力。

第三，使社会福利化的生产性职能得以实现。从动力上说，只有在培养知识型中产阶层的前提下，社会消费重新配置的作用才能持久。其理由是：支持知识阶层的再生产，能够推动消费升级和生产升级，让社会发展获得最大的推动力。例如，知识型中产阶层的发展需要社会提供更丰富的外部公共服务，如教育、文化、卫生等。

第四，提高持续发展的质量。现代化工业和经济的发展转型，需要不断地提高生产效率并改善人们的生活水平，而经济发展和现代化的知识和技术创新成果正是源自知识型中产阶层。高质量发展源自生产力的发展，而社会保障的嵌入保证了人力资源要素在生产中的稳定性，为生产力的发展奠定了坚实的基础。

（3）关联过程。人才积累和技术回馈是知识型中产阶层不断扩张所产生的一种正向效应，能够促成经济、社会、人才发展的动态均衡。社会经济高质量发展的过程包含了物质资本的积累、知识社会的人力资本积累和发展的连续性。

第一，产业社会。企业内部管理和利润分配与福特主义在全球范围内的发展相对应的跨国企业所领导的生产资源纵向整合，都是工业社会的典型的特点。福特主义是资本主义体制的核心，它通过制度的互补性和反馈性来扩大再生产，从而促进经济规模的扩大。在技术组织方面，采用生产流水线生产大批量、标准化产品，并通过严格的工艺控制保证产品质量，从而达到生产效率和经济效益的统一。在劳动关系方面，工业工人被工会组织起来，他们为提高工资和生产力而奋斗，用利益换取员工在严格的生产管理上的让步。社会福利制度一方面是为了保证给宏观经济发展提供可持续进步的人力资源，另一方面是为了满足私人企业对人力资源质量的要求。总结起来，福特主义生产模式下劳动生产率的不断提高，是基于不断积累的物质资本和不断提高的工资收入，是经济利益引导和作用的结果。

第二，知识社会。1970 年的石油危机，使发达国家进入"滞胀"，福特主义模式遭遇了危机。进入 20 世纪 80 年代后，随着信息技术的迅速发展以及知识经济的兴起，发达国家开始探索新的发展道路。高度城市化阶段的经济和社会发展以及知识经济的周期性扩张和再生产，根植于社会服务结构优化的过程当中。新经济发展机制与服务业高端化、消费的生产性和社会保护的效率有直接的关系：首先，以知识型中产阶层扩大再生产推动的消费结构升级，如科教文卫事业支出的扩大，在促进人力资本积累或劳动力素质提升的同时，保持服务业高端化的协同演化。其次，最优的经济结构有利于保持公共财政的可持续发展，在基本的分配职能之外，高水平的社会支出对教育、消费具有更强的支持作用，个人消费越来越成为公共决策的重要考虑要素，这也使以人为本的发展成为一种常态。最后，高效率和高福利为其他体制改革创造了一个宽松的环境，而紧密的体制补充则为高水平的发展奠定了坚实的基础。

第三，转变和负面的反馈。不可否认的是，由于产业结构服务化不可逆转的趋势，在高度城市化阶段，长期的经济增长减速成为发展常态，这就是为什么有些发达国家为了刺激经济发展而寻求回归。然而，知识经济时代的发展格局已无法扭转，网络经济带来了新的多重平衡和更多的不确定性，在面对这种新的挑战时，如何通过制度调整来实现社会的稳定发展成为摆在各国眼前的现实课题。可以肯定的是，福特主义的旧体制已经显现出了很多弊端，如何在保持中产阶层再生产的基础上，兼顾社会保障和灵活的就业体制，是当前资本主义经济改革与转型要解决的主要问题。

（三）关于发展高质量的若干问题

20 世纪 80 年代以来，社会福利国家的理论和实践之间的辩论一直是改革与高质量发展的重要制度保证。经济全球化以及知识经济的发展，使福特式的工业化观念发生了翻天覆地的变化。有些学者的观点是，不应该把知识经济看作是分散在各个经济领域内的技术概念，而应该将其当作改变经济发展模式和社会生活方式的切入点。知识经济作为一种具有包容性的先进发展模式，它的发展需要改变以往的发展理念，建立一个全新的经济与社会发展体制。在全球化浪潮的冲击下，福特主义的各种发展模型都受到了影响。在新的不确定性不断增多的前提下，有经验的观察人士倾向于以硅谷模式为典范，引导经济主体适应信息经济的创新需求，但事实上，市场主体由于在资本、经营能力等方面存在差异，硅谷模式并不具备普遍的适用性。也正因为如此，虽然一些学者认为英美模式将会是全球经济的大趋势，但是在比较政治经济学与福利国家理论中，大部分学者都坚持体制多元化的观点，认为高质量的发展可以通过多种制度方式来实现。以下是我们对几点看法的总结。

从社会高质量发展来看，知识型中产阶层的扩大再生产是从工业化到知识化的必然要求。福特主义去技能化、同质化的劳工组织为标准化、专业化生产提供了充足的劳动力；知识型中产阶层的出现与扩张为经济的高质量转型提供治理支持。相比之下，拉美国家在经历了工业化后的民粹主义的旋涡后，由于知识型中产阶层数量不足，导致生产质量无法提升和社会保障的低效运行，对经济和社会发展的稳定造成了负面影响。

从治理高质量发展来看，从工业经济向知识经济发展转变，是现代化进程的必然选择。从工业化与都市发展的历程来看，知识与技术在经济发展中的统领性地位，在过去的数十年里得到了巩固。在工业化时代，福特制度的首要目标，就是利用蓝领工人来实现批量生产。经济的发展是为社会发展服务的，经济发展依赖知识进步和技术的创新。知识技术的再生产本身并不是经济发展的主要目标，不断扩大消费、刺激生产才是其主要目标。

从社会保障的高质量发展来看，其以培育知识型中产阶层作为核心的创新和技术进步动力，从而维持经济的发展活力与稳定性。经济发展是为社会发展服务的，它反映在政策的制定和执行中。在高度城市化的今天，由网络带来的正面影响与负面因素以及人口聚集所带来的各种经济、社会问题，使得加强政府层面上的措施和保障显得意义重大，如教育支出、就业保护、医疗卫生服务等。这些措施能够从根本上提高劳动者素质，提升社会发展的稳定性和持续性。

从经济、社会、制度三者的关系及其总体发展趋势来看，知识经济时代需要国家层面发展理念的转变，加强制度规范和法律规范建设。新兴工业化国家在经济发展与改革方面的努力和探索，必须要有法制支持，以弥补其在发展过程中的不足。

三、政府管理体制的现代化与高质量发展

改革开放以来，伴随着中国经济发展战略的不断调整，中国经济实现了腾飞，人民群众的利益得到了最大保障。目前，我国已经成为全球第二大经济体，人民收入水平不断提升。然而，由于起步较晚，且中国经济发展一直依赖于国际低端产业链的转移，并在此基础上形成了一套具有"准福特制"特点的体制模型。从社会发展和经济发展的关系来看，中国"以经济建设为核心"的总战略，其目标是实现物质财富的积累和生产力的提高，从而满足人民基本的生活需要。准福特制度和经济模式在中国的发展具有如下意义：

生产商通过标准化、大规模的生产方式，由大公司带动工业产业发展，

随着工业体系的健全和企业的增多，更多的就业岗位被创造出来，提升了居民收入。不过，受到城乡二元经济发展历史的制约，劳动力市场呈现出明显的分割现象，一方是农民工的完全竞争市场，另一方是受到保护的国有或其他正规部门。从企业治理结构和经济发展的角度来看，在我国的转型过程中，二元化的发展结构是目前我国经济转型需要解决的主要问题之一。私营企业面临着完全竞争的市场，长期以来缺乏有效的投融资渠道，且劳动生产率较低，面临着巨大的转型压力。从政府管理结构与社会发展的关系来看，中国社会保障体系中的二元结构问题突出，在解决这一问题上我国企业面临着很大的困难。如果要实现跨越式发展，就必须要促进服务业结构升级，促进消费结构升级，完善知识创新制度。要实现这一目标，就必须要有国家在科技、文化等方面的政策支撑。

（一）中国政府治理结构的现代化：观念和策略的定位

在新常态下，供给侧结构性改革的终极目标是满足高质量的消费需求以改善供给质量，从根本上解决当前经济发展中的突出问题。在中国经济发展步入城市化、经济产业结构服务化的今天，过去依靠大量的投资和出口的增长方式无法实现经济快速增长，我国经济发展急需转变发展方式，找到新的经济增长点。因此，从产业结构调整入手，着力转换增长动能，才能为经济发展提供长效动力。同时，由于居民的收入不断提高，居民的消费需求也从基本的物质需求向更高质量的产品和服务转变，市场需求呈现出个性化、多元化的特征。现代经济发展过程中的需求个性化和多元化，是规模化、数量型的传统生产方式所无法实现的。十九大报告在总结这些新变化、新特点的基础上，作出了"我国社会主要矛盾已转变为人民对美好生活的需求与不均衡发展的矛盾"的重要论断。社会主要矛盾的转变具有历史性和阶段性特征，充分说明我国社会主要矛盾的变化对经济发展和变革具有全局意义。发展的不均衡和不充分已经不能满足人民对美好生活的需求，这就要求我们要把供给侧结构改革作为推进经济结构调整的一条主线。

（二）国家治理结构的现代化：发展和保障

十九大报告提出，"以人民为中心的发展思想，不断促进人的全面发展"，新时代中国特色社会主义建设应该以这个新命题为坐标，系统梳理中国改革开放四十多年宏观管理现代化的进程，总结我国经济发展的经验，不断完善经济发展制度，为我国的经济发展保驾护航。在我国经济发展和转型的过程中，要依靠市场引导和制度补充，重铸经济发展的新格局。

为了激发经济潜能，20 世纪 80 年代，中国政府以城乡两个经济基点为基础，分别从宏观和微观两个层面进行了整体的经济发展系统设计（见表 2-2 所示），为 20 世纪 90 年代社会主义市场经济体系的建立和发展打下了坚实的基础，充分利用我国人口资源红利实现了国民经济的迅速发展。在中国经济快速发展的过程中，金融与银行处于资金配置的中心，在相关制度和政策的引导下，资金有选择性地流向大型企业和优质企业，并以此为基础向各个产业链条辐射，拉动中小企业的发展，刺激消费、推动出口，促进了经济的快速发展。与此同时，伴随着激励作用的加强，教育模式、市场分割等其他配套制度也随之形成。然而，这种过度依赖投资的发展模式，最终随着城市化进程的放缓而导致消费结构升级困难，这也是当前困扰我国经济发展的重要问题。

表 2-2　改革开放以来治理机制确立和变革时间表

年份	微观治理	宏观治理	年份	微观治理	宏观治理
1979	—	设立经济特区	1999	—	提出西部大开发战略
1982	确立家庭联产承包责任制	—	2002	—	确定全面建设小康社会的奋斗目标
1984	—	提出建立"有计划的商品经济"	2004	资本市场改革;国有银行股份制改革	—
1986	启动全民所有制企业改革	—	2008	允许农村土地承包经营权流转	—
1987	—	提出"一个中心、两个基本点"	2012	—	确定全面建成小康、全面深化改革目标
1990	—	上交所、深交所开业	2014	—	深化农村改革;推进依法治国
1992	—	确立社会主义市场经济体制改革目标	2015	深化国有企业改革	—
1993	提出建立现代企业制度	金融体制改革	2017	—	提出"以人民为中心的发展思想"
1994	—	外贸体制综合配套改革;住房市场化改革	2018	—	深化党和国家机构改革
1997	—	提出"建设有中国特色社会主义的经济"理论	2019	—	推进国家治理体系和治理能力现代化

就我国经济发展的特点来说，国企和私营企业在资金规模、技术储备以及劳动生产率方面存在着很大差距。选择性投资的结果之一就是资本不断地流向大型国有企业以及优质科技企业，而其他企业获得投资的难度非常大，这造成了资本市场的二元分割。从就业市场来看，资本聚集的行业工资水平要优于其他行业，这导致更多的人才涌向这些行业，引发这些行业的劳动力市场的人才聚集，进而造成这些行业的劳动力市场的结构性失衡。总体而言，私营企业的资源使用效率高，其实际成本也能在市场中体现出来，而国有企业在人力资源上的投入往往会在产品价格中体现出来。

大规模工业化的发展道路是建立在仿效和加工生产基础上的，而与之相匹配的人力素质要求主要是初等、中等学历，并且大规模生产企业多集中在同质化产品激烈竞争的市场领域，企业很难通过提高产品利润来改善员工工作岗位的福利状况。这种情况随着我国经济结构的调整发生了变化，中国近几年的社会消费增长速度很快，说明人们收入水平有所提升，我国产业结构得到优化。

利益共享是发达国家工业化发展的根本特点。第二次世界大战后各国面临艰难的经济复苏挑战，在欧洲国家、日本的经济复苏期间，以经济建设为核心的思想曾占据重要地位，并在其后来的工业化、组织化、结构化中为经济发展和社会进步提供了重要的支撑。前面已经提到，产业结构服务化推动的城市化进程，不管是消费的升级还是公共事业的发展，都能发挥生产效益的双重作用，从而提升社会保障水平，这一点与拉美国家有着本质的区别。实现居民收入提高的第一要务是完善制度建设，健全有利于人力资源发展与技术积累的社会保障制度，考虑到我国的具体国情，我们可以从以下三个方面着手：第一，在城市化的大趋势下，加强对农民和进城务工人员的社会保护，主要包括对企业的用工制度、福利保障制度进行规范和引导；第二，考虑到在中国经济转轨过程中的产业结构调整对我国整体工业水平提升的关键性，需要对我国的产业发展体系进行全面改革；第三，要尊重发展的规律，所谓"发展共享"，就是要通过社会保障，将增长红利转化为人力资本的积累。

（三）治理结构现代化：知识创新的要点

鉴于我国经济发展的特点，创新体制应当以促进知识产权的转移为基础，在教育、信息交流和工业整合等领域不断完善保障体制，从而为经济发展提供体制上的支撑。

第一，整合教育和训练系统。无论是基础教育，还是职业技术教育，都会因单纯的模仿而使创新失去自主性与能动性。中国具有庞大的人口基数，为促进职业人才培养的制度，改革职业技术教育与人才培养制度，是一条较为可行的途径。受现代经济发展需求的影响，职业教育关系到一部分人的就业，因此政府必须要予以规范和引导，提高职业教育发展的有效性和针对性，促进我国劳动力素养的全面提升。技能教育与培训整合的核心在对人才资格的确认和职业技能的培养上，通过基础教育与职业技能教育使人才的理论基础得到夯实，对职业技能的理解能力得到提升，从而促进其从"蓝领"到"白领"的转型。

第二，产品标准与呼吁-退出机制建设一体化。信息的异质性、传播的多样性以及决策的分散性是知识经济的基础特征。各行为主体在不同的信息通道中会使用不同的方式来确保实现自己差异化目标的选择，从而影响企业的决策方向和发展方向。知识经济的到来，提升了市场主体的竞争难度，以价格和生产的规模效应取胜的竞争策略已经逐渐过时，科技价值和创新特色正在成为赢得市场竞争的关键要素。竞争难度的提升和竞争要素的知识化、技术化，正是高质量发展的一个主要特征。

第三，实现了金融和实体经济的融合。现代制造业和服务业的结合，不仅仅是制造业在发展过程中的服务升级，还是随着经济结构变化出现的产业链条一体化和产业服务结构的重组。"以顾客为本"的经营理念，打破了工业化时代的"以生产、营销"为导向的企业经营过程，在买方市场的大环境下，如何赢得消费者的青睐是企业组织生产的出发点。在我国金融体系的规划中，要着力促进整个金融体系的转型和升级，构建更加完善的金融系统和金融制度，尤其要加强对中小企业和技术创新的扶持，从而为经济的高质量发展奠定基础。

（四）治理结构现代化：公共安全体系建设

在提高生产力方面，除推进式体制的建立外，还要持续推进以提高生产力为目标的社会保障机制的建立，不断完善社会公共保障系统。在实际生活中，公众的社会保障措施和公众对社会保障需要的协调程度是衡量社会总体发展品质的重要因素。20世纪中叶以来，在现代经济与社会发展的理论研究中，一些有关"社会危险"的思想和理论在西方社会被广泛传播，因此西方国家对社会安全和社会保障非常重视。从现实情况来看，发达国家在工业化之前，就已经建立了一个完整的公共保障体系，这为经济社会的高质量发展奠定了基础。

在工业化进程中，为促进经济发展，政府会向企业投入更多的资金，甚至连基本设施都从推动生产的角度进行考虑。与此形成鲜明对比的是，在社会发展方面，由于资金向企业生产方向靠拢，因此社会保障体系的建设落后。

在生产层次上，以价格为主导的高利润产品，必然要有较高的生产力水平和技术水平作为支撑。欧洲的福利国家与日本都采用了以品质为主导的生产法，从企业层面上排除了许多可能会造成的社会保障风险。虽然英美等西方国家采用了以成本为主导的产品竞争战略，但其产品质量却被严密监管。相比之下，中国实行的以利益为导向的短期生产模式，缺少严密的产品品质管理体系，因而存在着巨大的潜在风险，尤其是在经济转轨期间，只有扭转这种局面，才能为我国经济和社会的持续发展奠定基础。

从体制上看，政府管理是以最小的社会成本来塑造公众的政治立场。高质量经济，要求用一种把个体和社会发展联系起来的制度来激发劳动群体的进步欲望。发达经济体通常通过教育、媒体等纽带将个人的发展与社会发展联系起来，这正是制度发展的重要方向。

（五）治理结构现代化：法制化与市场制度设计

赖纳特认为，在实现现代化的进程中，国家和政府扮演了重要的角色。与西方国家经济、社会和治理的高质量发展成果相比，虽然中国已经完成了大批量的工业化，并通过制定经济政策引导我国经济转型，但是市场经济发展的品质是否能够得到预期的发展还需要时间来验证。中国的工业化是随着逐步推进体制变革实现的，这样做的优势是由政府将人力、物力资源集约化、规模化，这样做也会减少资源浪费。中国的工业化采用了政府引导+市场调节模式，这与日本和英美等西方国家经济高速发展阶段的政府机构的运作模式有着很大的区别。在经济发展的转型阶段，如果要转变政府职能，缓解经济发展对政府引导和宏观调控的依赖，就必须转变发展理念，以新的思维来看待经济与社会发展。必须指出的是，市场机制的设置并非由政府决定，而是由经济发展对市场的客观需求决定的。

构建新型发展模式，建议我国可以从以下几个方面着手。

一是用经济发展来促进社会的发展，逐步将政府管理体系转变为福利国家体系，虽然对短期利益有影响，但却可以确保长期的稳定。

二是加强对国家安全系统的科技研发、农业和公共健康系统的投资，加强对公共安全的监督和管理，构建社会稳定和发展的长效机制。

三是建立完善的金融交易制度和信用制度，促进经济的持续发展。

四是健全市场化运作机制，以创新为手段满足社会和经济发展的需求。鼓励行业协会、信息咨询机构等中介机构的发展，提高信息加工和分析水平，为经济的发展和生产力的进步提供更加坚实的基础。

第三节　高质量发展面临的主要问题

一、建设现代化经济体系

高质量发展是对我国未来发展方向的规划和设计。我们只有充分了解现代社会发展的目标和面临的困难，才能明确社会主义市场经济体制发展与改革的关键，提升经济体制改革效率。

如果要实现高质量发展，就必须建立现代化的制度体系。从当前的经济发展形势来看，我国经济已经从高速增长向中高速增长转变，在社会和经济发展过程中长期以来存在的深层次问题逐渐开始显现。当前，我国经济正面临着转变发展方式、优化产业结构、转换增长动力的严峻挑战，能否顺利度过经济发展转型的关键期对我国未来的发展意义重大。我们要努力推进经济体制的现代化，引导经济高质量发展，把中国的经济发展和社会进步推向一个新的高度。目前，由于受到新冠肺炎疫情和贸易保护主义的冲击，全球化的贸易格局发生了很大变化，商品市场、宏观政策和地缘政治格局都极有可能对我国的经济发展造成不可预测的影响。面对严峻的挑战，我们只有加速完善现代经济体系，不断提高自身的创新能力和竞争力，才能在世界形势变化日益复杂的局面中赢得先机。

现代经济制度是指：①创新引领、协同发展的工业系统；②统一开放、竞争有序的市场体系；③体现效率、促进公平的收入分配体系；④彰显优势、协调联动的城乡地区发展体系；⑤资源节约、环境优美的绿色发展体系；⑥多元平衡、安全高效的全面开放体系；⑦充分发挥市场作用、更好发挥政府作用的经济体制。

如果要实现现代社会的发展，就必须有新的发展观念。坚持以创新为中心，加速创新型国家的建设。把握全球技术与工业转型的新契机，聚焦经济竞争的主战场和民生需求，多点发力着力提升基础研究能力，开发关键技术，健全体制机制，活跃创新氛围。在经济高质量发展过程中，我国要加强引导和建立以创新为主要引领和支撑的经济体制和发展模式。在经济发展过程中，要持续引导对产业结构、需求结构、区域结构和收入分配结构的优化，以经济发展促进社会进步。贯彻落实全面发展的方针，针对农村发展、城乡协调发展做文章，不断优化我国社会结构，改变城乡二元化的发展格局。落实"金山银山"思想，布局绿色产业，促进绿色转型，用绿色发展来引导提升经济发展质量，促进社会的可持续发展。坚持以人为本的发展理念，顺应人们对新时代发展的新期待和新需求，促进新时期的社会建设与发展。完善社会保障体系，最大限度保障"幼有所育、学有所教、劳有所得、病有所医、老有所养、住有所居、弱有所扶"。

二、深化供给侧改革

供求是市场经济中蕴含的一对基本矛盾关系，也是市场经济本质上的两个构成要素。供求是对立统一的，没有需要，供应就不能得到发展；缺少供应，需求就无法得到满足。从市场经济发展的两个基本要素来说，宏观调控的措施主要有两种，即供应调整和需求控制。在需求端，侧重于总量控制和调节，适用于短期调控；在供应端，注重生产质量和产业结构的优化，适用于长期调控。

在高质量发展的推进过程中，我们所面对的主要是经济结构和产业结构的问题。由于大量矛盾集中在供给侧，因此制定合理的政策、引导供给侧改革是解决当前我国经济转型问题的关键切入点。目前，部分需要强大的购买力支持的消费需求无法在国内市场得到满足，大批的消费者选择了出国购物。可以看出，我国并非缺乏高端消费能力，而是当前国内市场所提供的商品与服务难以满足消费者的需求。我国高端消费市场供应能力的缺乏导致了国内消费需求的溢出，也使得消费者大量流失。

我国经济经历了高速发展时期，经济发展品质转型的主要问题不是"物资不足"，而是供应商品质量不高。在高质量发展的过程中，生产能力的过剩是经济发展面临的最大问题，只有通过技术创新提升产品品质，满足新需求，才能合理有效地挖掘生产潜能，促进经济发展质量的提升。我国的宏观调控既有长期的调控手段，也有短期手段，在经济发展呈现出周期性变化的过程中，各种因素相互叠加，导致出现短期性变化和长期性变化并存的局面。因此，宏观调控的手段也必须多样化，从供给和需求两个方向着力。就目前的情况来看，我国经济的主要问题是结构问题，而不是总量问题，需要通过解决供应结构问题来拓展需求，因此从经济发展的长远角度出发，供给侧的调整和改革是今后一段时间经济发展的主要任务。

我们不但要把供应侧结构的改革作为我国经济高质量发展的主要任务，而且要兼顾经济发展的短期成效，通过合理调整需求实现巩固、强化、提升、畅通的经济发展需求。加快供给侧的改革，淘汰落后的生产体系，促进供给侧生产的升级换代，同时加大基础设施建设，着力降低经济发展的物流成本。要提高微观主体的积极性，充分调动企业家的积极性，通过构建公平、公开的市场制度和市场经济法治体系来推动市场主体的良性竞争，通过市场竞争来引导淘汰落后企业。法治的营商环境，推动了良性市场竞争的发展，充分发挥市场的资源配置作用，使更多优秀的企业得以发展。大力发展高新技术产业，提升现代科技企业的市场地位，鼓励高新技术企业的发展，培育经济高质量发展的科技新动能。为使经济运行顺畅，我们要推动建设统一开放、竞争有序的现代化金融体系，不断提升和优化金融系统在经济高质量发展中的作用。

三、正确处理政府与市场之间的矛盾

能否有效地理顺政府与市场之间的关系，实现二者之间的协调配合目标是促进高质量发展的关键。转变理念，构建服务型政府，最大限度发挥市场在资源配置中的作用，政府通过制定配套政策来巩固市场调节的基础性地位，形成政府与市场的良性互动。此外，在宏观调控的过程中政府要避免行政手段的使用，主要利用经济手段进行调整，通过市场机制发挥调控作用。

市场调节是普遍适用的市场经济规律，是由市场来实现资源的配置。要实现市场经济的健康发展，就必须尊重市场的发展规律，努力克服因为市场经济体系不完善而产生的各种问题。在深化市场体制改革的基础上，降低政府在资源配置中的影响，通过市场自发的调节机制资源配置来提升市场资源的使用效率。

市场调节具有一定的弊端，政府在不影响市场资源配置主体作用发挥的情况下，通过经济手段和制度规范调整市场经济的运行，解决市场经济自发性和滞后性带来的不良影响。更好地履行政府职能，并不在于更多地利用政府权力，而在于通过规范和引导工作确保市场经济的健康运行，解决市场调节无法解决的问题。在推进社会主义市场经济改革的过程中，必须充分挖掘市场调节的作用，政府部门要做好服务调控工作。

在经济高质量转型的阶段，可以从以下几个方面入手调整政府与市场的关系。

一是尊重国有经济的主体地位，促进多种所有制经济的共同发展、共同繁荣。坚持和发展公有制，鼓励、支持和引导非公有制，坚持各种公有制目标的实现方式，支持私营企业的发展，培育更多具有活力的市场主体。

二是巩固和完善市场经济体制，保证市场运作的公平性，通过构建完善的市场机制，为我国高质量发展奠定基础。

三是建立健全以市场为导向的资源分配制度。通过体制改革和创新来确保市场调节的重要作用，加速建立统一开放、竞争有序的现代市场。

四是加强对政府职能的管理与监督，健全国家宏观调控体系。在经济调节、市场监管、社会管理、公共服务、生态环境保护等方面，健全和完善我国的宏观经济管理体制，不断提高我国政府的经济管理水平。

五是要继续完善人民的生活保障体系，推动社会的公平与公正发展。要构建以按劳分配为主、多种分配方式共存的制度，不断完善我国城乡居民的可持续发展的社会保障制度，使改革发展的红利能够更加公正、更加广泛地与广大群众共享。

第三章 "双碳"理念驱动经济高质量发展

第一节 低碳工业：推动制造业绿色循环的发展

一、工业低碳发展的概念与内涵

第二产业是低碳减排的重点行业。据统计，工业的碳排放占总碳排放量的 60% 左右，因此减少工业的碳排放，推动工业实现低碳发展，是各国经济低碳转型、绿色发展的关键。

（一）工业低碳发展的内涵

工业低碳发展指的是探索一种低耗能、低污染、低排放的可持续发展模式来发展工业，让工业产值的增长与其碳排放实现深度脱钩。如果要判断一个国家或地区的工业是否低碳，首先就要根据碳排放量将该国家或地区的所有行业划分为低碳行业与高碳行业。顾名思义，低碳行业指的是碳排放量较低的行业，包括服装行业、制造业等；高碳行业指的是碳排放水平较高的行业，包括电力行业、钢铁行业等。如果在一个国家的工业构成中，低碳行业占比较大，就可以简单地认为该国的工业是低碳工业；如果高碳行业占比较大，那么该国的工业就是高碳工业。

但在很多情况下，一个国家或地区总是低碳行业与高碳行业同时存在，无法准确地界定其工业是低碳工业还是高碳工业。另外，一个国家或地区的工业总是处在发展状态，碳排放量也在不断变化中。

（二）影响工业低碳发展的因素

在目前的工业技术体系下，受到供给侧、需求侧、政府政策、市场机制等因素的影响，工业低碳发展呈现出阶段性特征。下面对影响工业低碳发展的四大因素进行具体分析（如图 3-1 所示）。

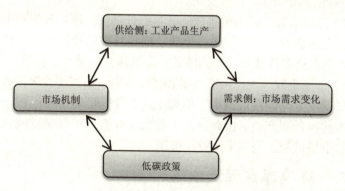

图 3-1　影响工业低碳发展的四大因素

（1）供给侧主要指工业产品生产。这个环节的影响因素主要包括三种：一是规模效应，生产规模的改变，原材料、能源等资源投入的调整会影响产品在生产过程中的碳排放；二是技术效应，生产技术的改变、单位产品能耗的调整会对产品在生产过程中的碳排放产生影响；三是结构效应，产业或产品结构的改变、高排放在生产过程中和低排放在生产过程中占比的调整会影响碳排放。

总体来看，规模效应会导致碳排放增加，技术效应会导致碳排放减少，结构效应在不同的阶段会对碳排放产生不同的影响。在工业化初期，规模效应发挥的作用比较大。随着工业化进程不断推进，结构效应发挥的作用也不断增大。随着重工业在工业结构中的占比达到最大，工业的产业结构会有所调整，附加值高、碳排放低的工业会迅速崛起，工业技术水平不断提高，技术效应的作用不断增大。

通过对我国工业从 1978 年至今的碳排放情况进行分析可以发现：改革开放初期，我国轻工业发展速度非常快，碳排放量较低；随着工业化进程不断推进，重工业快速发展，碳排放量不断上升。2012 年，我国工业产业结构开始了新一轮的调整，部分行业的碳排放量在这一年达到了峰值，之后逐渐下降。

（2）需求侧主要指市场需求变化。在居民收入水平较低的时期，人们对食物、服装等轻工业品的需求量比较大；随着收入水平不断提高，城市化进程不断加快，人们对汽车、住房等重工业产品的需求越来越多；随着居民收入的增加，人们对环境、卫生、教育、文化等产品的需求会持续增加。因为轻工业品、重工业品与文化、教育等产品的碳排放不同，所以，随着人们的需求不断改变,相应的碳排放也会发生变化。

（3）低碳政策。因为碳排放问题具有外部性,所以政策对工业低碳发展具有很大的影响。只有创建一个鼓励低碳减排的政策环境,相关工业企业才会主动引进先进技术,提高能效、降低能耗、减少碳排放。

（4）市场机制。发达国家的实践经验表明,通过建立碳排放权市场可以有效降低工业低碳发展成本、提高工业企业降低碳排放的积极性、鼓励社会资本转向低碳产业。因此,为了鼓励工业企业降低碳排放,我国要建立相关的市场机制,完善碳排放权市场。

二、环境库兹涅茨曲线

20世纪50年代,诺贝尔奖获得者、美国经济学家库兹涅茨在研究人均收入水平与分配公平程度之间的关系时提出,随着人均收入水平的不断提高,收入分配不平等现象会先升后降,呈现出一条倒"U"形曲线,这就是"库兹涅茨曲线"。

20世纪90年代,有研究者利用"库兹涅茨曲线"研究环境质量与人均收入之间的关系,发现当人均收入水平提高到一定程度后,随着人均收入水平的进一步提高,环境质量会有所改善,整个过程也会呈现出一条倒"U"形曲线,这就是"环境库兹涅茨曲线"。

环境库兹涅茨曲线被应用于工业低碳发展领域揭示了一个非常重要的概念,即碳排放峰值问题。根据环境库兹涅茨曲线,当一个国家或地区的工业发展水平较低时,碳排放量一般也比较低。随着工业不断发展,碳排放量也会不断增加。当工业发展到一定水平后,即人均收入水平达到某个临界值之后,随着人均收入水平的进一步提升,工业的碳排放水平就会逐渐下降,工业呈现出低碳化发展趋势。在整个过程中,临界值非常重要。在达到临界值之前,工业发展、人均收入水平的提升会导致碳排放增长;在达到临界值之后,无论工业如何发展、人均收入水平如何提高,碳排放都会逐渐下降。这个临界值就是工业碳排放的峰值。

根据环境库兹涅茨曲线,工业低碳化发展要经历一个倒"U"形过程,即在工业化初期,工业碳排放开始增加,进入工业化中后期乃至后期,工业碳排放会达到峰值,之后逐渐下降。这个过程说明,在工业化发展的不同阶段,工业低碳化发展会呈现出不同的特征。

根据工业低碳化发展的阶段性特征,工业低碳化发展可以划分为四个阶段（见表3-1所示）。

表 3-1　工业低碳化发展的四个阶段

阶段	具体表现
高碳阶段	在工业化初期或者中期，随着工业化水平不断提高，碳排放也会不断增加，目前，印度等发展中国家正处在这个阶段
低碳阶段	在工业化后期，碳排放达到临界值，之后随着工业化水平不断提高，碳排放逐渐下降，工业产值增长与碳排放脱钩，英国、美国等国家正处在这一阶段
稳定阶段	碳排放稳定在峰值阶段，不受工业化发展影响，丹麦等国家正处在这一阶段
转型阶段	从工业化中后期向工业化后期转化阶段，在这一阶段，碳排放逐渐接近峰值，我国正处于该阶段

三、绿色制造：创造新的经济增长点

在碳中和背景下，我国要推动制造业转型升级，大力发展绿色制造，构建绿色制造体系，转变发展理念，升级技术体系，完善相关标准；鼓励相关企业与机构在核心关键技术领域攻坚克难，推动整个工业体系转型升级，在这个过程中创造更多新的经济增长点。

根据《中华人民共和国国民经济和社会发展第十四个五年规划和 2035年远景目标纲要》的要求，在"十四五"期间，我国要全面推动制造业优化升级，大力发展绿色经济，推动传统制造业向绿色、低碳的方向转型，建立绿色低碳的产业体系。在制造业领域，未来几年，我国制造业发展要全面贯彻《中国制造 2025》的精神与理念，构建绿色制造体系，全面推行绿色制造。

根据绿色制造的相关理念，制造企业要在保证产品质量与功能的前提下，综合考虑资源的利用效率以及其生产过程对环境的影响，不断升级技术、优化生产系统，在产品设计、生产、管理全过程贯彻"绿色"理念，推动供应链实现绿色升级，开展绿色就业，降低生产过程对环境的影响，提高资源利用率，切实提高经济效益、生态效益与社会效益。

随着工业化进程的推进，我国已进入工业化后期。虽然制造业的发展空间很大，但也面临着新一轮全球竞争带来的严峻挑战。在 2008 年国际金融危机结束后，全球进入经济复苏阶段，发达国家提出了低碳发展理念，对绿色经济的发展产生了积极的推动作用。在此形势下，我国将发展绿色制造纳入"十四五"发展规划的意义重大。一方面，发展绿色制造可以对新型工业化、"制造强国"建设产生积极的推动作用；另一方面，发展绿色制造可以推进经济结构调整，转变经济发展方式，在全球低碳市场提高竞争力，为能源安全、资源安全提供强有力的保障。

在"十四五"期间，为了做好绿色制造体系建设，我国要出台一些正向激励政策，聚焦理念转变、技术支持、标准完善，对相关企业与机构进行鼓励、引导。发展绿色制造要从四个方面着手（如图 3-2 所示）。

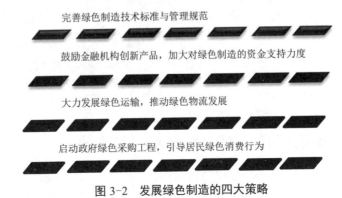

完善绿色制造技术标准与管理规范

鼓励金融机构创新产品，加大对绿色制造的资金支持力度

大力发展绿色运输，推动绿色物流发展

启动政府绿色采购工程，引导居民绿色消费行为

图 3-2　发展绿色制造的四大策略

（一）完善绿色制造技术标准与管理规范

围绕绿色技术、绿色设计、绿色产品建立行业标准与管理规范。一方面，我国要对现行标准进行清查、整理与汇总，按照绿色可持续的原则对现有标准进行修订和完善，尽快制定新技术、新产品标准，严格实施标准管理；另一方面，我国要积极参与国际绿色标准的制定，推动我国的绿色发展走向世界。

（二）鼓励金融机构进行创新产品，加大对绿色制造的资金支持力度

制造企业的绿色低碳转型需要大量资金支持。因此，我国要鼓励金融机构参与绿色制造的发展，专门开发针对制造企业的绿色低碳转型的金融信贷产品，利用风险资金等手段创建有利于制造企业绿色发展的风险投资市场。同时，中央财政、地方财政可以为优秀的中小制造企业提供担保，鼓励银行加大对绿色低碳转型的中小制造企业的信贷支持力度，促进绿色金融的发展。

（三）大力发展绿色运输方式，推动绿色物流发展

我国要大力发展多式联运与共同配送等物流方式，建立健全交通信息网络，推动运输环节实现绿色发展；创建绿色仓储体系与仓储设施，对仓储布局进行优化；研发绿色包装材料，推广应用绿色包装；鼓励绿色回收，

按照快速拆除原则设计回收产品，鼓励相关机构与企业加大在回收技术领域的研发投入，建立并完善拆卸和回收生产线，同时完善回收基地建设；加大对专业回收机构与公司的扶持，鼓励公司推出专业化综合利用服务，扩大回收范围，提高回收利用率。

（四）启动政府绿色采购工程，引导居民绿色消费行为

要根据实际国情对《政府采购法》进行修订、完善，推动政府采购工程实现绿色化升级，根据绿色标识制定绿色采购产品目录和指南，面向不同的行业与产品制定绿色采购标准和清单，对政府实行绿色采购的责任与义务作出明确规定，并制定完善的奖惩标准。同时，政府要在全社会开展宣传教育，引导企业制定绿色发展战略，帮助消费者树立绿色消费理念、培养绿色消费习惯。

四、绿色制造的闭式循环模式

在"制造—流通—使用—废弃"这种传统的制造模式下，企业与消费者都只注重产品质量，而忽视了对废弃物的处理。随着生产技术的发展，产品更新换代的速度以及废弃物的产生速度不断加快，找到一种科学的方法对废弃物进行回收利用成为传统制造模式面临的最大难题，也是实现绿色发展的最大障碍。

如果说传统制造模式是一种开放的生产模式，那么绿色制造就是一种闭式循环的生产模式，因为它在传统制造流程中加入了"回收"环节。在绿色制造的闭式循环模式下，产品设计、材料选择、加工制造、产品包装、回收处理都要做到绿色、低碳。

（一）绿色设计

绿色设计指的是在设计产品的过程中，既要对产品性能、质量、开发周期、开发成本等进行综合考虑，也要在产品生产使用过程中对资源、环境的影响进行充分考虑，对各种设计因素进行优化，在最大程度上减少产品设计与制造对环境的影响。绿色设计是绿色制造的基础，要遵循六大原则（见表3-2所示）。

表3-2　绿色设计需要遵循的六大原则

原则	具体要求
宜人性	产品在制造、使用过程中不会对人和生态环境造成伤害
清洁性	尽量使用污染较小，甚至没有污染的方法制造产品

续表

原则	具体要求
节省资源	这里的资源不仅包括各种材料与能源，还包括人力与信息等资源，绿色设计要求产品在制造过程中减少对上述资源的消耗
延长产品使用周期	使用标准化、模块化结构对易损零部件进行设计，以便产品在出现损坏时及时更换，从而延长产品的使用周期
可回收性	设计产品时尽量减少用材种类，尽量使用可回收、可分解的材料，以便在产品生命周期终结后可以回收再利用
先进性	满足消费者对产品的个性化需求

（二）绿色材料

绿色材料要符合能耗低、噪声小、无毒性、对环境无害等标准。在绿色制造模式下，生产企业在选择绿色材料时要优先选择可再生材料，尽量选择能耗低、污染小、可以回收、环境兼容性比较好的材料，尽量规避那些可能对环境造成污染的材料，所选择的材料应可回收再利用且容易降解。

（三）绿色工艺

绿色工艺又称为清洁工艺，要求在提高生产效率的同时减少对有毒化学品的用量，改善车间的劳动环境，降低产品生产过程对人体的损害，让产品实现安全与环境兼容，最终达到既提高经济效益，又减少对环境的影响的目的。例如，改变原材料的投入、对原材料进行就地再利用、对回收产品进行再利用、对副产品进行回收利用等；改变生产工艺、生产设备、生产管理与控制，在最大程度上减少产品生产过程对生态环境、人类健康的损害，做好废弃物排放对环境影响的评价，并采取有效措施予以控制。

（四）绿色包装

绿色包装要符合以下标准：第一，不会对生态环境、人体健康造成伤害；第二，可以循环使用或者再生利用；第三，可以促进可持续发展。按照发达国家的标准，绿色包装要符合"4R+1D"原则。

• Reduce：减少对包装材料的使用，反对过度包装。
• Reuse：可重复使用，不轻易废弃。
• Recycle：可回收再生，把废弃的包装盒制品回收处理并循环使用。
• Recover：利用焚烧获取能源和燃料的资源再生。
• Degradable：可降解腐化，不产生环境污染。

推广应用绿色包装关键要做好三项工作（见表3-3所示）。

表3-3 推广应用绿色包装的三大策略

策略	具体内容
优化产品包装方案	在不影响包装质量的前提下减少对包装盒的使用
加强包装技术创新	做好包装材料、包装工艺、包装产品的研发与迭代工作，研发更多可以实现再利用、再循环、可降解的包装材料，让包装废弃物的回收利用变得更简单、更高效
注重废弃物回收处理技术的研发	鼓励相关企业与机构积极研发包装废弃物的回收处理技术，提高废弃物的回收利用水平与效率

（五）绿色回收处理

随着一个产品的生命周期走向终结，如果不对其进行回收处理，产品就只能作为废弃物堆积在垃圾场，不仅会造成环境污染，而且会造成资源浪费。解决这个问题最好的方式就是利用各种回收策略对产品进行回收再利用，让产品的生命周期成为一个闭环。绿色回收处理的最终目的应该是将废弃物对环境的影响降至最低。相较于传统回收策略来说，绿色回收处理的成本更高。现阶段，绿色回收处理要针对不同的情况制订不同的方案。

（1）在产品设计阶段考虑各种材料回收利用的可能性、回收利用方法、回收利用成本等，从而节约材料、减少浪费、降低对环境的污染。

（2）综合考虑多方面的因素，制订出成本更低、效果更好的回收处理方案，以期用最小的附加成本获得最大的综合利用价值。

第二节 智能制造：驱动传统制造业数字化转型

一、人工智能赋能工业数字化转型

近年来，工业互联网平台快速崛起，凭借海量数据收集与处理能力、高效的算法与强大的算力，工业互联网平台为人工智能在工业领域的应用提供了强有力的支持。人工智能在工业互联网平台的深入应用，将推动传统生产模式向智能化方向转型升级，对工业转型升级产生积极的推动作用。具体来看，人工智能在工业互联网平台的应用主要涵盖设备层、边缘层、平台层和应用层等四个层面（如图 3-3 所示）。

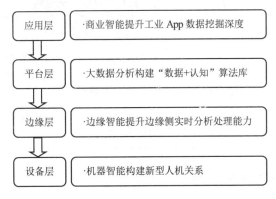

图 3-3　人工智能在工业互联网平台应用的四个层面

（一）设备层：机器智能构建新型人机关系

在工业互联网平台的支持下，企业可以在生产、控制、研发等环节应用人工智能技术，重构人、机、物之间的关系，实现人机协同、互促共进，具体应用（见表 3-4 所示）。

表 3-4　人工智能在工业互联网设备层的应用

应用	具体措施
设备自主化运行	企业可以用机器学习算法、路径自动规划等模块对机械臂、运输载具和智能机床等产品进行改造，让它们根据不同的工作环境与加工对象进行自动调整，让设备操作变得更精准、更自动化
人机智能化交互	企业可以利用语音识别、机器视觉等技术让人与机器实现智能交互，提高控制装备的感知能力与反馈能力，让它们自由应对各种复杂的工作环境
生产协同化运作	企业可以利用人工智能技术将人机合作场景转变为学习系统，不断地对运行参数进行优化，从而创造出最佳的生产环境，提高生产效率，降低安全风险。例如，德国费斯托公司利用仿生协作型机器人开发了一款智能化工位，用机器取代人从事危险系数较高的工作以及重复性劳动，极大地提高了生产效率，降低了生产过程中的各种风险

（二）边缘层：边缘智能提升边缘侧实时分析处理能力

在工业互联网的边缘层，企业可以利用边缘智能技术对终端设备与边缘服务器进行整合，提高数据传输的有效性，降低模型推理的延迟与能耗。具体应用表现在三个方面（见表 3-5 所示）。

表 3-5 人工智能在工业互联网边缘层的应用

应用	具体措施
智能传感网络	企业可以利用 AI 技术搭建智能网关，让 OT 与 IT 之间的复杂协议转换变得更加动态，切实提高数据的采集与连接效率，提高对各种问题的应对能力，如带宽资源不足、网络突然中断等
噪声数据处理	企业可以利用智能传感器对多维度数据进行采集，利用人工智能软件减少确定性系统误差，让数据变得更精准，将物理世界的隐性数据以显性化的方式呈现出来
边缘即时反馈	企业可以利用分布式边缘计算节点进行数据交换，对云端广播模型与现场提取数据的特征进行比对分析，利用边缘设备提高本地响应的速度与效率，优化各环节的操作流程，降低云端计算压力，缩短数据处理时延，实现云端协同

（三）平台层：大数据分析构建"数据+认知"算法库

在平台层，工业互联网平台以 PaaS 架构为基础，打造了一条涵盖数据存储、数据共享、数据分析、工业模型等功能的数据服务链，将基于数据科学与认知科学的工业知识与经验存储到人工智能算法库中。具体应用情况（见表 3-6 所示）。

表 3-6 人工智能在工业互联网平台层的应用

应用领域	具体措施
数据科学领域	企业可以利用机器学习、深度学习构建数据算法体系，对大数据分析、机器学习、智能控制等算法进行综合利用，利用仿真与推理方式去解决问题
认知科学领域	企业可以立足于业务逻辑，利用知识图谱、专家系统搭建认知算法体系，解决企业风险管理等比较模糊的问题

（四）应用层：商业智能提升工业 App 数据挖掘深度

在应用层，企业可以利用工业互联网提供的工具，面向不同的应用场景开发人工智能应用模式，利用人工智能技术提高生产水平，为用户提供定制化的智能工业应用与解决方案。具体来看，这类应用模式主要包括的几种类型（见表 3-7）。

表 3-7 人工智能在工业互联网应用层的应用

应用方向	具体措施
预测性维护	利用机器学习对设备运行的复杂非线性关系进行拟合，对设备运行故障进行精准预测，降低设备的维护成本与故障发生率
生产工艺优化	通过深度学习避开机理障碍，对数据之间隐藏的抽象关系进行挖掘，建立相关模型，找到最优的参数组合

应用方向	具体措施
辅助研发设计	通过知识图谱、深度学习等方式创建设计方案库，对设计方案进行实时评估，找到最佳的设计方案
企业战略决策	利用人工智能技术对工业场景中的非线性复杂关系进行拟合，提取非结构化数据创建知识图谱与专家系统，为企业战略决策提供科学依据

二、5G 工业互联网的场景应用

2019 年，我国政府明确提出要"加强新一代信息基础设施建设"；2020年 3 月初工信部召开的专题会议提出，要加快 5G 发展，积极推进新型基础设施建设，其中工业互联网建设是一大重点。目前，通过发展工业互联网推动制造业转型升级已经成为一项共识。进入 5G 时代后，移动互联网技术与应用转至产业互联网，推动了第二产业的巨大变革。对工业互联网来说，高速率、低时延、高可靠、广连接的 5G 网络可以为其发展提供良好的条件。

在工业经济时代，工业与通信之间为平行关系。进入 5G 时代，随着工业互联网与 5G 网络相互融合，在制造业、矿业、能源、化工、港口、机械、船舶、飞机、电力等领域催生了很多新应用，对工业场景变革、产业转型升级产生了积极的推动作用。目前，5G 工业互联网的应用场景主要有三种（如图 3-4 所示）。

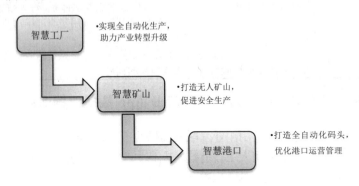

图 3-4　5G 工业互联网的三大应用场景

（一）智慧工厂：实现全自动化生产，助力产业转型升级

在 5G 时代，工业互联网的创新应用主要集中在智能制造领域。在高速率、低时延、高可靠、广连接的 5G 网络环境下，工业企业可以不断提高数字化、网络化、智能化能力，实现智能制造。例如，在智能制造领域，海

尔开发了全球第一个引入用户全流程参与体验的工业互联网平台——COS MOPlat。该平台实现了 5G 与智能制造的深度融合，开发出 5G 机器视觉云化、5G+AR 远程运维指导及 5G 智能设备管控等应用，实现了生产过程全自动化，并且可以利用智能终端对生产过程进行远程管控。

以海尔冰箱互联工厂为例，该工厂创新性地将云化机器视觉系统与 5G、边缘计算等技术深度融合，可以在生产环境中进行门缝检测、OCR 识别。同时，在高速率的 5G 网络的支持下，海尔冰箱互联工厂可以采集海量数据，并将数据汇聚到边缘云，利用大数据技术进行深度挖掘，让产品检测结果更准确，从而保证产品质量。未来，海尔冰箱互联工厂模式或许会成为一种通用的互联网解决方案，在智慧物流、智慧园区及智慧家庭等领域推广应用。

（二）智慧矿山：打造无人矿山，促进安全生产

矿业是能源安全的重要保障，传统的开采模式主要有两种，一种是露天开采，另一种是地下开采，这两种开采方式都伴随着环境污染、生态破坏以及各种安全问题。进入 5G 时代之后，借助工业互联网打造智慧矿业，可以使整个行业的生产效率、盈利水平、安全管理水平得到大幅提升。

例如，包头钢铁是全球最大的稀土工业基地和钢铁工业基地。从 2019 年开始，包头钢铁与中国移动深度合作，利用 5G 与工业互联网全面布局智慧矿山建设，从三个层面实现了创新应用，具体操作分析如下：

（1）无人驾驶。包括矿车的无人驾驶、编组行驶及采矿设备的无人操作等，切实保证了生产过程的安全，使生产效率得到大幅提升。

（2）无人机测绘。利用无人机开展高清测绘，对地理数据进行高精度分析，为采矿组织与管理提供更科学的依据，防止滑坡、塌方等事故的发生。

（3）调度系统。利用上述两个系统传输的数据，优化生产调度系统与作业流程。矿业工业互联网对网络传输时延有很高的要求。在传统网络环境下，对生产场景的远程监测与遥控需要通过有线网络来实现。但矿山地理环境复杂，一方面有线网络无法布设，另一方面有线网络无法串联起大量移动设备和转动部件。在高速率、低时延、广覆盖的 5G 网络的支持下，矿业工业互联网平台可以充分发挥智能管理能力，开展远程控制、监测和数据传输，对整个生产管理流程进行优化。

（三）智慧港口：打造全自动化码头，优化港口运营管理

随着经济的不断发展、经济全球化进程的持续加快，港口的功能越发

丰富，其不仅是物流运输的中转中心、配送中心和仓储中心，还可为区域腹地经济发展与对外开放提供强有力的支持。在5G、工业互联网的支持下，港口运营管理的质量与效率将得到大幅提升。

以青岛港全自动化码头为例，该码头利用5G与工业互联网让岸桥、轨道吊实现了自动化运作，可以自动抓取、运输集装箱，并将现场的高清视频回传；在自动化作业过程中，可以对设备的运行状态进行实时监控，对设备可能发生的故障进行预判，提前采取维护措施，打造"一站式"港口服务模式。在新冠肺炎疫情期间，青岛港全自动化码头表现出显著优势，不仅减少了人力消耗，而且切实提高了码头的运营效率与管理水平，使运营成本大幅下降。

随着5G网络实现规模化商用，工业互联网开始向各行各业渗透，与各个行业深度融合，从而推动行业产业链、价值链优化升级，推动行业更好地发展。

三、基于工业大数据的全流程应用

智能制造的实现离不开工业大数据的支持，只有工业大数据、云计算、人工智能等技术共同作用，才能推动工业生产方式的变革，促使工业经济实现创新式发展。大数据分析技术可以赋予工业大数据产品多种能力，包括海量数据挖掘能力、多源数据集成能力、多类型知识建模能力、多业务场景分析能力、多领域知识发掘能力等，从而使工业大数据的潜在价值得到充分释放，为企业的业务创新与转型升级提供强有力的支持。

工业大数据涵盖了研发与设计、生产、物流、销售、运维与服务等产品生命周期的各个阶段，其中，生产、物流与销售可以归入生产与供应链单元。这样一来，基于工业大数据的全流程应用就可以划分为三大单元，分别是研发与设计、生产与供应链和运维与服务，每个单元都有具体的应用。

（一）研发与设计

（1）客户参与的个性化产品定制设计。企业可以利用互联网搜集用户对产品的个性化需求，获取产品与客户的交互数据，以及真实发生的交易数据，对这些数据进行挖掘分析，让用户参与到产品的设计过程中来，真正实现定制化设计，然后将设计好的生产交给柔性化生产链，最终制作出可以满足用户个性化需求的产品，实现产品定制化设计与生产。

（2）基于大数据的模拟仿真设计。在传统的生产模式下，在产品测试、验证等环节，企业需要生产少量实物产品来评测其功能，测试次数越多，成本越高。现阶段，企业可以利用虚拟仿真技术对产品研发、设计等环节进行模拟，对产品的功能、性能进行评估与优化，从而减少实际测试的次数，降低产品研发设计阶段的成本与能耗。

（3）基于大数据的个性化定制设计自动化。在传统的生产模式下，企业会设计几款产品模型，从中挑选一款进行批量化生产。虽然传统生产模式具有规模化优势，但无法满足小批量生产需求，还会在无形中增加产品的生产成本，延长产品的生产周期。在工业互联网时代，企业可以利用积累的产品数据设计模型，对数据之间的关系进行深入挖掘，在大数据技术及其他辅助设计工具的支持下开展个性化设计，自动生成产品模型。

（二）生产与供应链

（1）生产过程实时监控管理与维护。现代化工业生产线安装了很多小型传感器，可以对生产设备运转过程中的温度、压力、热能、震动、噪声等参数进行实时感知，对生产过程进行实时监测，对设备故障进行科学诊断，对设备运行过程中产生的能耗、质量事故等进行分析，还可以将生产制造各个环节产生的数据进行整合，面向生产过程建立虚拟模型，不断地对生产流程进行优化。

（2）实现个性化定制规模生产。通过让产品全生命周期内的数据自动流转，生产制造过程实现自动化、智能化控制，工厂内可以共享各类信息，全面推进系统整合与业务协同，切实提高制造水平与能力，开展个性化定制规模生产，创建现代化的生产体系，推动智能生产、智能制造尽快落地。

（3）实现网络化协同制造。生产企业可以利用互联网对生产资源进行优化整合，在企业内部开展纵向协同，在企业之间开展横向协同，通过与共享经济联动促使创新资源、生产能力、库存等实现共享，推动制造业共享经济不断发展。

（三）运维与服务

（1）制造企业可以利用互联网对产品运行数据进行实时采集，对生产过程进行远程监管，对故障进行预测性诊断与维护，从而降低设备维护成本，切实提高产品的利用率。

（2）制造企业可以对设备的使用数据与周边环境数据进行分析，对客户服务范围与产品的价值空间进行拓展，将企业经营管理的重心从产品转向制造与服务。

（3）制造企业可以通过互联网定期收集用户反馈或投诉，参考用户提出的有价值的意见改进产品，对客户投诉进行及时处理，提高产品质量，同时提高用户对售后服务的满意度，减少客户投诉。

（4）如果出现退货或者返修等情况，制造企业要及时了解原因、采取有效措施、提高产品质量、减少产品退货或返修等事件的发生频率。

四、区块链在工业领域的实践路径

区块链技术是多种计算机技术的新型应用，主要包括加密算法、共识机制、点对点传输、分布式数据存储等技术应用新模式。从狭义的角度看，区块链是一种去中心化的共享总账，具有不可篡改和不可伪造的特性，其本质是一种以链条方式将数据区块按照时间顺序组合形成的特定数据结构，能够安全存储简单的、序列化的、经由系统验证的数据。从广义的角度看，区块链是一种去中心化的新型基础架构与分布式的计算范式，其加密链式区块结构可以用于数据验证与存储，分布式节点共识算法可以用于数据的生成与更新，自动化脚本代码可以用于数据的编程与操作。

（一）区块链在工业互联网领域的应用价值

区块链具有去中心化、不可篡改、不可伪造、可加密、可溯源等特性，基于这些特性，区块链技术在工业互联网领域有着广阔的应用空间，具体表现在四个方面（如图3-5所示）。

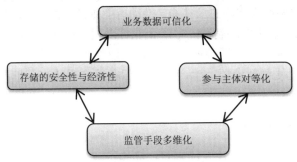

图3-5　区块链技术在工业互联网领域的四大应用

（1）业务数据可信化。区块链与传统分布式数据库存在较大区别，前者采用"人人记账"的理念，所有参与主体都有记账的权利，每个主体都能保存所有的历史记录，同时也都能保存最新的记录，而后者却无法做到这些。

（2）参与主体对等化。不同部门在合作建设信息系统时往往会遇到这样一个难题，即难以决定由哪个部门来管理集中存储的数据。各部门可以利用区块链技术解决这一难题。区块链技术采用的是分布式记账方式，可以让每一个参与主体拥有与自身对等的身份、权利、责任和利益，轻松解决"业务主权"问题。与此同时，它还能使所有参与主体同步更新实时数据，这不仅能使各方之间的合作更加方便、快捷，还能极大地提高参与主体合作的积极性。

（3）监管手段多维化。在区块链技术的支持下，企业可以将内部监控作为自己的监管部门。具体操作如下：以区块链平台为载体，增设监管节点，实时采集监管数据，制定监管数据的统计口径、颗粒度等，实现快速分析和决断。同时，企业还要采用可编程的智能合约，完善监管规则，将监管重点从监控工业管理、生产过程上升到监控系统性风险，建立全流程监管体系，降低工业生产的风险，维护网络体系的稳定。

（4）存储的安全性。传统存储通常采用单个数据中心完成数据存储，可靠性比较低；而区块链存储采用多数据中心存储技术，可以有效解决传统存储可靠性较低的问题。

区块链存储可以将数据存储到成千上万个节点上，有效提高数据存储的可靠性，确保商业数据存储安全。区块链存储比桌面级存储、企业级存储、云存储更具优势，主要体现在四个方面（见表3-8所示）。

表 3-8　区块链存储的四大优势

优势	具体表现
可靠性更高	区块链存储采用冗余编码模式将数据存储到成千上万个节点上，可以有效规避因为单点故障造成的负面影响
服务的可用性更高	因为区块链存储可以利用众多的节点来分担负载，所以服务可用性要比一般的储存方式高得多
成本更低	区块链存储比其他存储的成本更低，这是因为区块链技术可以完美地解决数据重复问题，可以通过去除重复数据降低成本。不仅如此，区块链存储还能通过降低数据冗余率来降低成本。另外，在区块链存储节点建设方面，企业需要投入的成本也很低
异地容灾性更强	传统中心化存储最高级别的容灾配置是"两地三中心"，因为传统数据存储中心的建设成本较高，所以"两地三中心"的配置对企业来说是一笔不小的花费。因为"两地三中心"的配置容灾率并不高，所以目前全球企业和机构普遍面临较大的数据存储风险。区块链存储采用"千地万中心"的配置，可以大幅度提升数据存储的容灾率。对传统中心化存储来说，"千地万中心"的配置是难以想象的奢侈品，但是对区块链存储来说，这种配置只是"容灾"的标准配置而已

（二）区块链在工业互联网领域的场景实践

（1）区块链+安全认证。利用区块链技术构建分布式数字身份认证体系，所有想要接入该体系的人、设备、企业都要在边缘计算中心完成认证。在这种模式下，设备之间、服务器之间、人与设备之间可以开展双向身份验证，减少边缘层接口数据泄露和设备控制的安全隐患，对工业数据进行加密存储，实现数据私有化。

（2）区块链+工业产品流通。区块链技术可以保证交易的公开性与透明性，防止交易数据被篡改，智能合约可以实现自证自洽。在这两大技术的支持下，制造企业可以以工业互联网平台为依托，促使制造企业、物流企业、税务部门、交通部门、银行、客户等多方参与主体的各项数据相互融通，构建一个安全可信的价值链传递网络，让产品品控证明、供应链流转证明、资金支付证明、渠道销售证明、票据真实性证明等变得简单易行。

（3）区块链+生产线品控。目前，在农产品溯源、供应链溯源等领域，区块链技术已经有了比较成熟的应用模式。因为区块链技术可以有效防止数据被篡改，所以利用区块链技术面向商品生产、流通、消费等环节创建真实性验证网络，可以有效提升品牌价值。除此之外，在质检协作效率优化、产品质量控制、降低设备故障率等领域，区块链技术也有广阔的应用空间。

第四章　构建绿色金融制度保障体系，促进经济稳固发展

第一节　碳中和与绿色金融体系

一、碳中和目标给传统金融体系带来的机遇和挑战

（一）碳中和目标给金融体系带来的机遇

为实现碳中和目标，能源行业和其他重点减排行业面临着重大变革，这将产生深远影响，会引发一系列连锁反应，需要特别重视其给经济发展带来的冲击。在碳中和目标下的环保减排政策，如引入碳排放交易机制、提高碳价、提高污染排放标准或实施其他限制性政策可能会导致行业收益下降，造成相关资产价值缩水，给经济发展带来不确定性的风险。

在碳中和目标下，高碳行业将面临提前被淘汰的状况，也易造成资产搁浅等问题。化石能源或高碳行业投资的变化以及资产搁浅的风险，可能会给信贷安全和财政收入带来不利影响，这关乎行业和地区的社会稳定和金融稳定，需要慎重决策，设计好过渡机制，实现平稳转型。

如果要预防转型风险，政府就要妥善规划好现有的高碳基建行业的转型，如石油化工、煤炭、钢铁、水泥等产业，在保证能源和产品供给的同时，做好转型监测、评估和调整。内蒙古、山西等煤炭资源丰富地区的经济发展对高碳产业有很强的依赖性，政府要合理制定经济改革措施，让这些地区经济转型带来的社会影响降到最低。同时，政府要加快这些地区低碳产业的布局和发展，促进经济进行低碳转型。

（二）碳中和目标对金融体系带来的挑战

经济发展要实现向低碳、零碳转变的目标，需要大量的资金支持，因此具有资金调配作用的金融行业需要适时调整，以适应现代低碳经济的发展。金融机构的转变既要考虑到经济转型期产生的大量的绿色、低碳投资

需要，也不能忽视因金融体制的变化而出现的各类结构性风险，如高碳行业的债务违约、资产减值等问题。

1. 碳中和目标为金融行业带来大量资金投入

要减少二氧化碳和其他温室气体的排放，实现碳达峰、碳中和目标，需要大量的资金支持。碳达峰、碳中和目标实现需要的资金既需要政府的投入，也需要社会资本的参与。《中国长期低碳发展战略与转型路径研究》指出，如果要实现全球控制温低于 1.5℃的长期目标，就必须在碳中和目标实现之前增加 138 万亿人民币的资金投入，这个投资数字平均到每年约占 GDP 的 2.5%。根据碳中和的远景规划，中国将投入大量资金用于可再生能源、能源效率、零碳技术以及能量储存技术的开发与利用。根据上述预测，今后 30 年，中国需要投入的绿色、低碳资金规模将超过百亿元，这也将为绿色金融提供广阔的发展空间。

碳中和目标的实现需要进行大范围的经济体系改革，这种需求将倒逼我国经济转型和产业结构调整。就目前情况来看，能源行业低碳转型领域存在大量的低碳投融资需求。光是能源系统领域的基础设施建设，资金缺口规模就达百亿元。为帮助能源产业实现低碳转型，推动工业 4.0 背景下的能源产业新模式、新业态、新技术、新产品的开发，金融机构要完善金融体系，打造绿色金融体系。绿色金融将在碳达峰、碳中和目标实现的过程中发挥关键作用，以市场化的运作引导碳达峰、碳中和目标实现过程中的资金流向，调配巨量的资金需求。

2. 碳中和目标为金融产品种类的丰富带来契机

为实现碳中和目标，环保产业将迎来更多的机会，也为绿色金融的发展提供了机会。在绿色金融方面，一些具有代表性的产业将迎来重大的发展机遇。

（1）银行业。创新信贷服务和绿色能源发展项目；推进绿色建筑融资创新，围绕绿色建筑、环保材料、节能技术、新能源技术等产业设计金融产品；积极发展新能源产业信贷，通过完善绿色金融产品体系，探索银行金融发展的新方向。

（2）绿色债券。发行政府绿色专项债、中小企业绿色集合债、气候债券、蓝色债券以及转型债券等创新"绿债"产品；改善绿色债券市场流动性，吸引境外绿色投资者购买和持有相关债券产品。

（3）"绿色证券"。简化绿色企业首次公开募股（IPO）的审核或备案程序，探索建立绿色企业的绿色通道机制；对一些经营状况和发展前景较好的绿色企业，支持优先参与转板试点。

（4）环境权益市场和融资。开展环境权益抵质押融资，探索碳金融和碳衍生产品。

（5）绿色保险。大力开发和推广气候（巨灾）保险、绿色建筑保险、可再生能源保险、新能源汽车保险等创新型绿色金融产品。

（6）绿色基金。鼓励设立绿色基金和转型基金，支持向绿色低碳产业的股权投资，满足能源和工业行业的转型融资需求。

（7）私募股权投资。鼓励创投基金孵化绿色低碳科技企业，支持股权投资基金开展绿色项目或企业并购重组；引导私募股权投资基金与区域性股权市场合作，为绿色资产（企业）挂牌转让提供条件。

（8）碳市场。尽快将控排范围扩展到其他主要高耗能工业行业以及交通和建筑领域等，同时，将农林行业作为自愿减排和碳汇开发的重点领域。

二、绿色金融及推进绿色金融建设的现实意义

（一）绿色金融及其特点

绿色金融是一种旨在支持环境改善、积极应对气候变化、实现资源合理利用的经济活动，即对环保、节能、清洁能源、绿色交通等领域的项目投融资、项目运营、风险管理等提供的金融服务。通过发展绿色金融，相关部门可以有效地推动环保和绿色管理，将高污染、高能耗产业的资金转向高技术产业，提升经济发展质量。绿色金融包括两方面的内容：一是对环境保护与可持续发展提供资金支持；二是利用多样化的绿色金融产品实现自身的升级发展。前者认为，"绿色金融"的功能是将资本引入节能技术和生态环保行业，促进低碳产业和绿色经济的发展；后者则强调金融业本身的健康发展，从长远发展的角度看，此举能够对金融业的发展进行优化。

与传统的金融体系相比较，绿色金融最显著的特征在于更加重视对人类长远生存的关注和对生态环境效益的追求，旨在从资金利用的角度调整经济发展的方向，从而实现经济与生态的均衡发展。

与常规的政策性融资相比，绿色金融具有更强的政策导向性，其资金利用和执行过程需要有国家政策的支持。在当前的政策指导下，传统的金融机构要么以经济效益为目的，要么以配合政府的经济政策为主。在绿色金融理念下，金融体系的发展更加科学、更加健康，也更具持久性和稳定

性。环境资源属于公共资源，如果没有相关的法律法规作为依据，银行等金融行业无法有效地去考量投资对象的产品和劳务的生态效益，因此政策的引导非常必要。

（二）推进绿色金融建设的现实意义

1. 实施"绿色融资"是"金融"与"工商业"共赢的必由之路

欧美等国家和地区经常通过设置"环保屏障"来对中国的出口商品进行限制，从而达到提高本国产品全球市场占有率的目的。在宏观上，金融机构通过资本在经济发展中的基础性功能，来引导企业节约能源、减少环境污染，以绿色发展的理念经营企业，实现企业经营的"环保效益"。尽管在短期内绿色金融难以产生经济效益，但经过一段时间的适应，绿色金融产生的效益是无法估计的。像德国这样的欧洲国家，依靠自己的技术优势和工业优势开发了一些资源循环利用方式，通过这些方式，资源能够产生可观的短期效益，这为我国发展绿色经济提供了借鉴。我国绿色金融的发展和企业的绿色经营可以结合本国国情，通过借鉴国外的成功案例来开展。

在促进绿色经济发展的同时，金融产业的资金规模也会不断扩大，并且不断开发新的金融产品，构建具有可持续发展效能的绿色金融体系，促进金融业的整体升级。绿色金融体系的建立既能促进资本的合理分配，又能促进企业更好地满足可持续发展的时代需要，同时对金融产业本身的发展也有极大的促进作用。

2. 推行绿色融资，是提高金融业信誉、提高社会经济效益的重要途径

随着环保理念的传播和生态保护意识的增强，我国工业制造业、能源产业以及交通产业面临着越来越多的挑战，人民群众对绿色发展的呼声越来越高。在当前的经济形势和发展理念下，我国金融业要积极面对，合理调整行业结构，担当起金融企业的社会责任来。金融行业积极推行"绿色金融"能够改变当前企业生产和经营的导向，为重新塑造企业的经营理念作出贡献。目前，我国节能环保项目存在融资困难，金融行业可以通过丰富企业的融资途径来促进其发展。而对于那些高排放、高能耗、高污染的项目，可以引入环保评估机制，从资金流向调整企业的经营和发展理念。

3. 促进绿色金融发展，既要增强财政内部的经济利益，又要增强财政外在的生态利益

生态状况日益严峻，我国在发展过程中必须要转变传统的发展理念，注重

经济发展的生态性和可持续性，加大对环境保护产业和绿色发展企业的投资力度。绿色产业的发展和繁荣，仅仅依靠政府的力量是很难实现的，通过金融机构适时引入社会资本，对绿色发展具有重要的意义。随着我国经济规模的日益扩大，能源消耗也越来越大，为了冲破能源进口对经济发展的束缚，政府必须致力于新能源技术的研究，并大力发展可再生能源。新技术的研发需要巨大的财政支出，国家要有计划地对这些项目进行投资和帮扶。

欧美发达国家和地区已经陆续公布了自己的碳中和计划。在西方国家成熟的金融体系下，企业经营者和金融监管者在为行业发展提供的金融支持上有着丰富的实践经验，他们在绿色金融领域的做法有一些值得我们参考。

（1）以"不损害其他可持续发展目标"为原则，制定和完善绿色金融标准。从多年前一些非官方机构推出的绿色和气候金融标准，到最近几年欧盟正在制定的官方可持续金融标准，其主导原则都是支持应对气候变化，同时也覆盖了其他绿色的和可持续发展的目标，如降低污染、保护生物多样性、支持资源循环利用等。但欧盟在最新发布的可持续金融标准中强调，符合其标准的经济活动不得损害其他可持续发展目标，即不能因为实现了一个目标而损害另一个目标。例如，煤炭清洁利用项目可以有效降低空气污染，但因为其大幅增加碳排放，所以不符合可持续金融标准。

（2）对企业和金融机构强化与气候相关的财务信息披露要求。英格兰银行前行长马克·卡尼在金融稳定委员会（FSB）发起的气候相关财务信息披露工作组（TCFD）制定了有关信息披露标准，并建议企业和金融机构按此标准披露与气候相关的财务信息。该项倡议已得到全球数百家大型企业和金融机构的响应，也被一些发达国家的监管机构借鉴或采纳。例如，欧盟在 2019 年 11 月发布了金融机构和产品必须披露其与可持续发展相关信息的要求，并于 2021 年 3 月开始实施。2020 年 12 月，英国宣布要求几乎所有公司在 2025 年按照 TCFD 标准开展信息披露。2020 年 7 月，法国金融市场管理局要求机构投资者披露环境、社会和公司治理（ESG）相关信息。此外，欧美发达国家的相关机构已经披露了投资组合的碳足迹和机构自身运行的碳排放信息。

（3）创新的绿色和气候金融产品。西方发达国家市场在 ESG 金融产品和碳市场、碳金融方面处于明显领先地位。值得我们借鉴的产品包括各类与可持续发展目标相关联的信贷、债券和交易型开放式指数基金（ETF）产品，转型债券、绿色供应链金融产品、绿色资产证券化（ABS）等。此外，欧洲的碳交易市场 ETS 覆盖了整个经济体 45% 的碳排放，相关衍生品工具也为碳市场确定价格和改善流动性提供了较好的支撑。

第二节　完善制度，构建绿色金融制度保障体系

在我国制定了碳达峰、碳中和战略目标以后，若没有实质性的大规模变革，中国的低碳经济转型不会自行加快，而一些重要产业的净零排放量也不会轻易实现。从我国金融业的现状来看，虽然已经构建了绿色金融体系的基本框架，但绿色金融标准、信息披露标准和激励机制尚未充分反映碳中和目标的要求，产品体系还没有充分解决低碳投资面临的瓶颈问题，金融机构还没有充分意识到气候转型带来的金融风险，也没有采取充分的措施来防范和管理这些风险。为解决上述问题，政府必须加快建立实现碳达峰和碳中和指标的制度。一是各地和各相关部门要支持实现"30·60目标"，实施一系列强化低碳、零碳转型的方针，加强部门、地方、财政等部门之间的协作。二是从标准、披露、激励和产品四个方面对有关的制度进行系统强化，建立与碳中和指标一致的绿色信贷制度，确保社会资金充分参与低碳、零碳建设，并有效预防和化解环境污染问题。

一、做好地方各级规划

中央应该明确要求地方政府制定碳中和计划和执行路径，以推动有能力的区域尽快完成碳中和。根据我们从若干地区了解的情况可以看出，许多省市（包括主要负责人）对碳中和的内涵、背景和意义的了解十分有限，绝大多数地方的产业部门也尚未理解碳中和目标就意味着电力、交通、建筑和工业等部门必须大幅度转型，因其没有认识到碳中和的远期愿景需要从现在就开始行动。有些地区人员依然有错误的想法：煤炭是一种天然的能源，就应该得到最大程度的开发，同时，这些地区也在计划发展煤电和依靠传统高碳技术发展的项目。

为此，有关部门要制订零碳发展计划、碳汇森林发展计划，并在"十四五"期间尽量将其列入产业发展规划。碳中和目标的落实涉及所有高碳行业的转型，因此互相协调的产业规划十分重要。例如，在能源行业的"十四五"和十年规划中，必须明确提出停止建设新的煤电项目，大幅提高对光伏、风电、氢能、海上风电和储能技术等绿色能源的投资。政府应该考

虑明确支持有条件的地方宣布停止销售燃油车的时间表，继续保持对新能源汽车的补贴和支持力度，大规模进行充电桩等相关基础设施的投资和部署。在绿色建筑领域，政府应该尽快大规模实施超低能耗建筑标准和近零排放建筑标准，对零碳建筑提供更大力度的财政和金融支持。在工业领域，政府应该大力引进国际先进的低碳、零碳技术，对各类工业制造业进行全面的节能改造。政府要积极开展生态系统保护、恢复和可持续管理，加强森林可持续经营与植树造林以提升区域储碳量与增汇能力。

二、健全金融机构的绿色金融体系

（一）对应"双碳"目标修改绿色金融标准

虽然中国人民银行牵头修订的新版《绿色债券项目支持目录》（征求意见稿）已经剔除了"清洁煤炭技术"等化石能源相关的高碳项目，但其他绿色金融的界定标准（包括绿色信贷标准、绿色产业目录等）还没有作出相应的调整。未来，政府应该按照碳中和目标修订绿色信贷、绿色产业标准，制定绿色基金、绿色保险的界定标准，同时保证符合这些绿色标准的项目不会对其他可持续发展目标产生重大的负面影响。

（二）依托财政监管机构健全环保监督机制

中国人民银行、银保监会、证监会等金融监管部门明确提出对金融机构开展环境和气候信息披露的要求，其中，应该包括对金融机构持有的绿色、棕色资产的信息，也应该包括这些资产的碳足迹。初期，可以要求金融机构披露其持有的棕色或高碳行业资产风险敞口（如煤炭采掘、煤电、钢铁、水泥、化工、铝业等行业的贷款和投资），并计算和披露接受贷款和投资的企业碳排放和碳足迹。中期，可以要求金融机构披露主要贷款/投资的碳足迹（或向大中型企业提供的贷款/投资）。监管部门、行业协会（如中国金融学会绿色金融专业委员会，简称绿金委）和国际合作机制（如中英环境信息披露试点工作组）应组织金融机构开展环境信息披露方面的能力建设，推广领先机构的最佳实践案例。

监管机构应该明确鼓励金融机构开展环境和气候风险分析，强化能力建设。目前，我国只有几家银行开展了环境和气候风险分析，多数大型金融机构开始有所认知但尚未开展分析，多数中小机构还未意识到气候转型可能会带来的信用风险、市场风险和声誉风险。建议中国人民银行、银保监会、证监会等金融监管部门明确指示我国金融机构参考 NGFS 等有关做法，开展前瞻性的环境和气候风险分析，包括压力测试和情景分析。行业协会、研究机构、教育培训机构也应组织专家支持金融机构开展相关能力培养，并重点开展相关领域的国际交流活动。央行和金融监管部门应牵头组织宏观层面的环境和气候风险分析活动，研判这些风险对金融稳定的影响，并考虑逐步要求大中型金融机构披露环境和气候风险分析的结果。

监管部门应该强制要求金融机构在对外投资中开展环境影响评估。继续在投资地区建设煤电等高碳项目，有损于中国绿色化倡议的国际形象，也会给中国金融机构带来声誉风险和金融风险。有关部门应尽快建立我国对外投资的强制性环境影响评估机制，严格限制对污染和高碳项目的海外投资；支持我国金融机构承诺大幅度减少和停止对海外新建煤电项目的投资和担保。

（三）建立激励体制以促进金融业的转变

中国人民银行可以考虑建立一个更大的信贷机构来支持减碳计划，把低风险的绿色资产作为一个符合标准的抵押担保物，把它们的碳排放反映到中央银行的评价和评价体系之中，把它们的碳排放与央行的货币政策手段相结合。在保证银行整体资产的风险加权不变的情况下，减少绿色资产风险加权，提高绿色/高碳资产风险权重。在引入银行的风险加权方法之前，可以对有资质的区域和金融组织先进行相应的试点。

鼓励各银行积极寻求转变筹资方式，其中还应建立一种转变资金，发行一种转变的证券。要达到碳中和，不但要扶持绿色能源（如清洁能源、绿色运输、绿色建筑等），而且要扶持石化能源公司转变成清洁能源、老建筑的绿色低碳改造、高碳工业公司的节能降碳和减碳计划（这些都是所谓的转型经济，同样也要求巨额资金和某种奖励措施）。欧洲设立了转型资金，以帮助高碳公司进行低碳转型，并为防止工人失去工作还出台了转型证券，帮助传统能源公司引进新能源，将废弃矿山改造成绿色旅游景点。在此基础上，我们应该在认定标准、披露要求、激励机制等几个层面上，积极引导银行推出转型债券、转型基金、转型保险等。

第三节　构建碳市场，稳固绿色金融系统市场基础

坚持和加快绿色发展已成为我国中长期的重要战略目标。2020 年，中

央经济工作会议首次将"做好碳达峰、碳中和工作"作为重点任务之一，提及"我国二氧化碳排放力争 2030 年前达到峰值，力争 2060 年前实现碳中和""加快调整优化产业结构、能源结构""加快建设全国用能权、碳排放权交易市场"等内容，充分展现了中国的大国责任和大国担当，也确立了"十四五"期间我国绿色发展的目标任务和路线图。

为落实国家战略部署，2021 年 1 月 5 日，生态环境部部务会议审议通过《碳排放权交易管理办法（试行）》（以下简称《办法》），于 2021 年 2 月起施行，在全国范围组织建立碳排放权注册登记机构和碳排放权交易系统。《办法》的出台，标志着我国碳排放权市场以及碳金融的发展进入了全新的阶段，有望在"十四五"期间，为促进我国经济、社会全面绿色转型发挥更为积极的作用。

一、碳排放权交易的起源

碳排放权市场（或简称为碳交易）因二氧化碳具有压倒性的占比而得名。从更宽泛的角度来说，碳排放权利市场包含排放权的买卖，开发可产生额外排放权（各种减排单位）项目的交易，以及与排放权相关的各种衍生产品的交易。

碳排放的贸易是在 1992 年《联合国气候变化框架公约》（以下简称《公约》）以及 1997 年《京都议定书》中诞生的。1992 年，150 多个国家和区域在世界范围内共同签订《公约》，约定将全球二氧化碳排放量降低到 2050 年 50％，并于 1997 年 12 月批准《京都议定书》，以作为《公约》的附加条款。《京都议定书》规定了（2008—2012 年）发达国家（《京都议定书》中规定的）减少二氧化碳排放量的指标。为了减少国家排放指标所需的费用，《京都议定书》规定了三种贸易机制：IET、JI 和 CDM（见表 4-1 所示）。

表 4-1　《京都议定书》设计的三种减排机制

机制名称	运作机制
国际排放权交易机制（IET）	国家之间针对配额排放单位（Assigned Amount Unit，AAU）的交易。在《京都议定书》实施初期，各国将分配到既定的 AAU 指标，之后可以按照自身的排放情况，来决定购入或卖出该指标
联合履约机制（JI）	《公约》国家之间的减排单位（Emission Reduction Unit，ERU）交易。产生这种减排单位的方法主要有：建立低于标准排放量的项目（如采用低排放的技术），发展能吸收温室气体的项目（如植树造林）等

清洁发展机制（CDM）	国家和非国家（主要是发展中国家）之间的交易。在这一机制下，发达国家可以通过向发展中国家进行项目投资或直接购买的方式来获得核证减排单位（Certificated Emission Reduction，CER）

《京都议定书》中所述三项市场化措施使减排得以实施，从而为二氧化碳减排的交易提供了一个良好的平台。各缔约方可以按其需求来调节其所面对的排放量限制，如果其排放量限制对其经济发展造成严重不利的后果或费用太高，则可以采取采购排放权（如从其他国家采购 AAU 或采购 ERU，并从发展中国家采购 CER）方式来减轻限制，或者直接减少排放量的费用。

在《公约》与《京都议定书》框架下，不少国家和地区陆续建立了碳交易体系，根据《全球碳市场进展：2019 年度报告》显示，目前全球共有 20 个碳交易体系正在运行，涉及电力、工业、航空、交通、建筑、废弃物、林业等行业，覆盖的碳排放占全球排放总量的 8%。其中，运行最为稳定、发展最为成熟的市场主要有欧盟碳市场、美国碳市场（区域温室气体倡议和加州碳市场）和英国碳市场。按照交易原理划分，国际碳排放权交易市场可以分为基于配额的市场和基于项目的市场，而在基于配额的市场中，根据配额产生的方式不同，又可以分为强制减排市场和自愿减排市场（见表 4-2 所示）。

表 4-2　碳排放权交易的类型

交易类型		交易机制
基于配额的市场	强制减排	把限定的碳排放总配额分配给各个参与者，然后各个参与者再按照自身需求买卖碳排放配额。强制配额市场的特征是强制加入、强制减排。欧盟排放权交易体系（EU ETS）是典型的强制配额市场
	自愿减排	自愿加入、强制减排，以美国芝加哥气候交易所（CCX）为典型代表
基于项目的市场		低于排放基准水平的项目经过认证后可获得减排量，减排成本较高的经济体往往会通过购买这种减排单位来降低减排成本。与配额市场不同的是，基于项目的碳交易市场以碳信用为交易对象，采用的是基线与信用机制

配额制下的市场在排放权利的价值挖掘方面有着重要的作用。碳排放的价值取决于限额交易的市场。配额的多少和处罚的强弱，都会对碳排放权的价值产生一定的作用。当然，政府监管带来的限制要比市场本身更加严厉，所以，在强制性减排的环境下，碳排放的定价将会较高，并且在交易的范围上要大得多。配额贸易产生了一次碳排放的交易，如果该交易的价格比各个排放单元的价格都要高，那么它就可以在次级市

场购买已经上市的减少排放单元或者参加 CDM 和 JI 的贸易。这样的差距扩大了，就意味着更多的投资机会，需要更多的减少排放单元，从而推动环保工程的进一步发展。

二、基于我国碳排放权市场的探索

为落实国家"十二五"规划纲要提出"逐步建立碳排放交易市场"的任务，2011 年 10 月底，国家发展改革委批准北京、天津、上海、重庆、湖北、广东及深圳七个省市开展碳排放权交易试点。2013 年 6 月，深圳碳排放权交易所率先启动，标志着碳排放权交易正式开始试点。随后，上海、北京、广东、天津四个交易所在 2013 年底启动，碳排放权交易试点范围扩大。2014 年，湖北、重庆两个碳排放权交易中心正式开始碳交易，自此七个试点区域碳交易所全部启动（见表 4-3 所示）。

表 4-3　试点碳排放权市场基本情况

试点交易所	配额分配原则	配额计算方法	纳入行业	交易规则	衍生业务
深圳碳排放权交易所	90％以上配额免费，且考虑行业增长	历史强度法基准线法	工业（包括电力、水务、制造业等）、建筑、交通运输等行业	现货交易大宗交易电子竞价	EMC 投资基金碳减排项目投资基金碳债券
上海环境能源交易所	100％配额免费，适度考虑行业增长	历史排放法基准线法	电力、钢铁、石化、化工等；航空、机场、港口、商场、宾馆等	挂牌交易协议转让	CCER 质押贷款碳借入机制碳基金、碳指数
北京环境交易所	95％以上配额免费，以上一年数据为依据，按年度发放	历史排放法历史强度法基准线法	电力、热力、水泥、石化、其他工业及服务业	公开交易协议转让	碳配额回购融资碳配额质押融资中碳指数
广州碳排放权交易所	95％以上配额免费，按年度发放，考虑经济社会发展趋势	历史排放法基准线法	电力、水泥、钢铁、陶瓷、石化、纺织、有色、塑料、造纸年碳排放量 2 万吨以上	单向竞价挂牌竞价协议转让	碳配额抵押融资碳配额托管配额回购交易
天津碳排放权交易所	100％配额免费，每年可调整	历史排放法历史强度法基准线法	钢铁、化工、电力、热力、石化、油气开采等重点排放行业和民用建筑领域年碳排放量 2 万吨以上	拍卖交易协议转让	

续表

湖北碳排放权交易所	100%配额免费	历史排放法	年能源消费量6万吨标准煤及以上的重点工业企业	定价转让协商议价	碳基金、碳债券碳资产质押融资 碳资产托管
重庆碳排放权交易所	无偿分配为主,适当的有偿分配对过高的市场价格进行调控	历史强度法基准线法	化工、钢铁、水泥、电力、造纸、玻璃以及有色金属等工业行业	公开竞价协议转让	

　　从已有的七个省市的区域碳市场来看,七个市场在减排目标、配额总量、纳入企业及门槛、配额分配方式、其他辅助减排措施等多个方面都存在较大的差异,进而导致七个市场的碳价并未呈现出收敛性迹象。此外,由于全国各个地区的发展存在较大的差异,不同地区的产业结构、资源禀赋和发展模式都存在较大差异。不同地区担负的减排责任和其对碳排放权市场建设的态度不同,进而导致各个地区之间很难就碳市场的建设进行有效的沟通和协调,同时又缺乏统一的标准和规定,进而导致区域市场发展不平衡和区域市场相互割裂的现象出现。

　　此外,由于试点阶段的各省市并没有明确罚则条款,且授予企业的碳排放权配额也相对宽松,截至目前,各试点碳排放权交易普遍活跃度较差,且不同试点之间碳排放权日交易均价差距也较大。北京的交易均价最高,2020年12月30日的交易均价为80元/吨,而当日深圳、广东、湖北、重庆、福建交易所的日交易均价分别为11.13元/吨、28.37元/吨、28.01元/吨、23.12元/吨、17.29元/吨。同时,试点阶段碳排放权日成交量波动巨大。

三、全国性碳市场的建设

　　我国碳市场体系的建设是采用自下而上、先试点再推广的传统模式。在一定程度上讲,这样的试点有其现实意义,但从目前碳排放权交易的现状来看,国内的碳市场由多个不同的部门分别设立。每个市场在许多方面都有独特的设计,虽在一定程度上展示了地方特色,也更多地满足了地方的发展要求,但分割的碳市场明显限制了市场的灵活性及其功能的发挥。如果要在"十四五"期间实现经济、社会的全面转型,那么建成全国统一的碳市场势在必行。早在2017年,国家发展改革就印发了《全国碳排放权交易市场建设方案（发电行业）》，旨在推动全国统一碳排放权交易市场的建设。2018 年 4 月，应对气候变化及减排职能由国家发展改革委调整至新组建的生态环境部，为碳市场的建设与管理提供了新的条件。在生态环境部正式发布《碳排放交易管理办法（试行）》（以下简称《办法》）之后，统一的排放权市场建设开始加速。2021 年 7 月 16 日，全国碳交易市场如约开启。交易首日，全国碳市场碳排放配额（CEA）挂牌协议交易成交量约 410.4 万吨，成交额约 2.10 亿元，当日开盘价（最低价）为 48.00 元/吨，收盘价为 51.23 元/吨，最高价为 52.80 元/吨。

（一）电力行业先行，建立全国性市场

《办法》规定了对碳的限额、排放量的登记、交易、结算、温室气体的申报和核实等方面的监管措施，包括主要温室气体的排放和交易，以及遵守相关交易法规的组织和人员等内容。《碳排放交易条例》将率先在我国的电力企业中应用。按照《2019－2020 年全国碳排放权交易配额总量设定与分配实施方案（发电行业）》，2013－2020 年任一年排放达到 26000 吨二氧化碳当量（综合能源消费量约 10000 吨标准煤）及以上的企业或者其他经济组织，被筛选确定纳入 2019－2020 年全国碳市场指标管理的重点排放单位名单，目前共计 2225 家。

（二）明确配额分配机制，完善强制减排制度

《办法》明确，碳排放配额总量由生态环境部负责制定，省级生态环境主管部门则根据生态环境部制定的碳排放配额总量确定分配方案，向本行政区域内的重点排放单位分配规定年度的碳排放配额。初始阶段，碳排放配额为免费分配，未来将适时引入有偿分配制度。当 A 企业年度排放总量超出配额时，需要在碳排放交易市场购买配额；当 B 企业年度排放总量与所分配额度相比出现盈余时，可在碳排放交易市场上出售配额，以赚取减排带来的收益。如果 A 企业未在交易市场上购买配额，那么在次年清缴核算时需要补足配额缺口，否则就会面临被罚款和核减下一年度碳排放配额的处罚。

（三）覆盖区域扩大到全国，增加罚则条款

《办法》推动了全国碳排放权交易市场的建设，最突出的特点不仅在

于将局限在试点区域的交易推广到了全国范围，而且更重要的是明确了罚则条款，这对提升排放权定价和交易活跃度会有显著的效果。《办法》明确提出：对瞒报、虚报或拒绝报告碳排放报告的企业，责令限期改正，并处一万元以上三万元以下的罚款。对未按时足额清缴的重点排放企业，责令限期改正，并处两万元以上三万元以下的罚款；逾期未改正的，欠缴部分等量核减其下一年度碳排放配额。

（四）扩展减排范围，统一技术标准

相较试点城市仅关注二氧化碳排放（北京市仅出台过《重点碳排放单位二氧化碳核算和报告指南》，并未提及其他温室气体测算方法），新《办法》明确规定了温室气体是指包括二氧化碳（CO_2）、甲烷（CH_4）、氧化亚氮（N_2O）、氢氟碳化物（HFC_S）、全氟碳化（PFC_S）、六氟化硫（SF_6）和三氟化氮（NF_3）在内的所有吸收和重新放出红外辐射的气态成分。这意味着虽然从绝对值（2.6万吨）上看，新《办法》相较试点城市的标准更为宽松，但管控范围不再仅仅局限于二氧化碳的排放量。在扩展减排范围的同时，《办法》还解决了各试点区域标准分散的问题。温室气体重点排放单位作为碳市场交易主体，其合理统一的界定标准是建立碳交易市场的基石之一。以往根据试点城市不同判定标准不同。例如，北京及广东以年度二氧化碳排放量作为判定标准（北京：$CO_2 > 5000$吨；广东：$CO_2 > 20000$吨），而上海和福建则以年度综合能耗作为判定标准（上海：消耗>5000吨标准煤当量；福建：消耗>10000吨标准煤当量）。而新《办法》规范统一标准，将全国范围温室气体排放量超过26000吨二氧化碳当量且将属于全国碳排放交易市场覆盖行业的主体纳入温室气体重点排放单位。

四、碳排放权市场发展的关键与前景

在统一的碳市场建成之后，区域市场分割、参与者较少的局面将得到缓解，管控趋严也有助于高耗能企业（项目）碳排放权配额需求的增加。由于电力行业温室气体排放量大，生产过程清晰易于核算，行业内企业多为国企，也便于管控，电力行业成为碳排放权交易由试点向全国推广的排头兵。目前，参与各交易所试点的企业分散于石化、化工、建材、钢铁、有色、造纸、电力（包括企业自备电厂）、水泥、航空等20多个行业。《办法》开始实施后，各试点交易所将根据各地方的覆盖要求推进全国碳排放

门槛以下及其他行业企业的碳排放交易，虽然目前全国范围内的交易仅涉及对电力行业的管控，但试点城市的交易仍将涵盖多个行业。碳排放权交易是实现 2030 年"碳达峰"、2060 年"碳中和"的重要手段。为了实现上述目标，预计对高耗能行业的管控必将趋严，将其逐步纳入碳排放权交易范围。

建立一个全国性的、协调一致的碳汇交易市场，显然与"一刀切"的市场化运作模式不相适应。因为目前我国东、中、西部发展不均衡，发展较快的东部区域明显缺乏对产业的依赖性，所以中、西部也承受了更多的二氧化碳排放。如果在不同的应用条件下，相同的规则制定势必导致资源的优势向东部地区集中，那么就会导致发展的不平衡化，使得碳排放量的市场竞争机制更为不公正。另外，各国的排放进程对于各个行业的冲击与影响也是很大的，各个行业的反应也不尽相同。对不同行业实施同样的限制也存在着潜在的危险。从总体上看，要建立统一的碳排放权交易市场、实现国内碳交易市场由试点向全国市场的过渡发展，在市场机制设计方面关键是要解决以下几个问题。

第一，完善政策框架，加快基础设施建设。国际碳市场的发展经验表明，完善的政策法规是碳市场规范、有序发展的必要前提，健全的市场体系、多元化的参与主体可进一步提高市场竞争能力和效率。例如，欧盟碳市场自成立以来，通过条例、指令、决议等多种形式规范碳交易，并不断对相关法律文件进行修订；美国加州碳市场是在"加州全球变暖解决法案2006"（AB32）基础上逐步建立并完善的。欧盟和美国碳市场分别为一级市场和二级市场，碳市场层次结构清晰，服务功能完善。反观国内，碳资产法律基础及价值评估体系薄弱，阻碍了以碳资产为基础资产的碳金融产品的落地、创新与推广。碳排放权交易的政策制度尚不完备，在试点市场向全国市场过渡期间，政策的不确定性可能会导致市场主体参与风险的进一步提高、参与积极性的进一步降低。监管规则、统计制度、披露要求等细则的不明确，也不利于碳金融市场规范发展。

鉴于此，在统一碳排放权市场建设的过程中，有必要推进碳排放权交易专门立法，明确发展目标以及政府与市场参与者在交易、数据信息披露、秩序维护等环节的相关职责、权力与权利、义务范围。2019 年，国家能源局颁布了《碳排放权交易管理暂行条例（征求意见稿）》，2021 年公布《碳排放权交易管理暂行条例（草案修订稿）》正式启动全国范围内的"碳汇业务"。在此基础上，与碳排放量交易进行协调，我国制定了《碳排放权交易有关会计处理暂行规定》。另外，政府应当研究制定《碳排放权交易法》，进一步明确其发展的目的，使其具有更为稳定的发展前景，从而能够有效地阻止"碎片化"发展方式的产生，提高其稳定性；并在相关基础法律上制定相关专业的法律规范，在法律框架下，明确各参与主体的监管职责和罚权。

除法律体系建设外，技术标准、信息披露等基础规则的制定，对统一市场的发展也有重要的意义。从这点来看，需要进一步完善绿色金融标准体系，确保绿色债券和绿色信贷等金融产品对减排、绿色发展提供更为有效的支持；制定《企业温室气体排放监测、报告与核查管理办法》，统一标准，营造一个更加公平的市场环境，防止市场运行中因条件差异性导致的市场波动。同时，统一标准也更加有利于统一管理，使碳市场可以维持一个平衡状态。有必要在碳排放权交易市场中建立强制的信息披露制度，覆盖各类交易机构和融资主体，并统一披露标准等。

第二，顶层设计，有序推进。充分考虑区域差异，评估经济水平、社会环境、产业技术的现状和未来发展趋势，设计出对整体公平的差异化市场运行机制。合理的差异化规则应以试点地区的有效经验和真实的数据积累为基础。此外，也应该发挥好排放权交易试点地区的先行作用，带动其他地区参与其中，并通过有效的激励机制鼓励碳排放权交易市场中的突破性创新，推动区域碳市场与全国统一碳市场的对接。在这个过程中，可以参考清洁发展机制（CDM）和联合履约机制（JI），首先由国家确定可采用此两种方式的地区，而后非试点地区自愿减排，可与强制减排市场进行项目交易，试点地区与其他地区共同努力完成减排任务。同时，着力培育碳市场专业人才，在做好调查与准备工作的基础上，发挥专业优势积极创新，结合试点经验完成对全国碳排放权交易制度的设计，确保碳排放权交易地方市场与全国市场的顺利衔接。

第三，促进融资体制改革，促进信贷与资本市场的良性互动。欧美国家及地区的碳汇交易实践证明，随着市场的金融化水平不断提升，其发展速度也将越来越快。一是市场地位不断提高。这点具体体现在欧洲期货交易所、欧洲能源交易所、欧洲气候交易所、芝加哥气候交易所及其他一些具有重要意义的交易所。欧洲的能源交易所不但是最大的碳排放交易所，而且也是一个非常积极的碳交易所和选择权交易所。二是贸易的种类越来越多。2005年6月，欧盟开始了碳期货期权的买卖，EUA和CER期货、期权、互换等迅速发展，并开始引入了碳交易。与此同时，在欧洲的碳交易过程中，出现了 CDM 市场上的应收账款的证券化，许多商业银行也开始发行与碳排放相关的金融债券。美国碳市场还对一些特殊的年期期货以及碳补偿期货、碳期权等金融衍生物开展了贸易。三是主流金融组织的介入程度越来越高。例如，欧盟拥有世界 50%的碳资金，而私有的碳资金则逐渐超过了国家资金。荷兰银行、汇丰银行和花旗银行也在试图经营各种类型的碳金融产品，包括为控制碳排放公司提供咨询和结算等。

截至目前，我国碳金融产品的发展仍处于零星试点状态，尚未形成从点到面的规模化发展，也并未普及，不能满足相关企业的碳资产管理需求。产品和市场的匮乏导致专业投资者不多，碳金融市场发展也缺乏专业的资金支持。随着统一碳排放权市场的设立，我国碳金融体系的市场规模和流动性都将大幅提高，交易主体和需求种类也将更加多元，碳期货的束缚将消失，可交易的碳金融衍生品有望迎来井喷，全国碳市场将为碳金融体系的发展提供重大机遇。

随着统一市场的设立与完善，我国碳排放权交易市场活跃度有望得到显著提升。这不仅显示出碳市场对资源配置的引导作用，促进了我国经济、社会的全面绿色转型，而且能有效提高我国在国际碳交易市场的地位以及在碳定价方面的话语权，并推动我国在碳金融领域的加速创新发展。

第四节 拓展绿色金融产业领域，构建绿色金融体系

一、发展绿色信贷

面对不断出现的环境污染、资源耗竭、生态失衡等全球性环境问题，人类普遍认识到自己过去的生产和消费方式对环境的危害。为有利于人类、经济与自然三者的协调发展，人们提出了可持续发展战略，大力倡导绿色理念，并在政策、舆论导向上向环保产业和绿色经济倾斜。

绿色信贷常被称为可持续融资或环境融资。可持续融资是银行通过其融资政策为可持续商业项目提供贷款机会，并通过收费服务产生社会影响力的行为，比较典型的收费项目有为消费者提供投资建议等；银行还可以集中利用各种知识与信息调配贷款手段刺激可持续发展，这主要是因为银行对各种市场法规和市场发展方面信息的掌握有着无可比拟的相对优势。

环境融资涵盖了基于市场的特定金融工具，这些特定金融工具往往是为了传递环境质量信息和转化环境风险而设计的。环境问题主要以三种方式影响银行等金融机构，包括规章制度和法庭判决所带来的直接风险、借贷和其顾客的信用所带来的间接风险以及银行处理争议项目的环境信誉风险。为了规避这些环境问题带来的风险，银行必须在借贷和投资策略中加入衡量环境问题的标准。同时，这些环境问题还催生了众多的创新金融产品。这些金融产品为有环保意识的个人和企业提供了更为便捷的融资渠道。绿色信贷就是银行在贷款的过程中将项目及其运作公司与环境相关的信息作为考察标准纳入审核机制中，并通过该机制作出最终的贷款决定。发展绿色信贷应该从以下几个方面出发。

（1）构建支持绿色信贷的政策体系。完善绿色信贷统计制度，加强对绿色信贷实施情况的监测评价。探索通过再贷款和建立专业化担保机制等措施支持绿色信贷发展。对绿色信贷支持的项目，可按规定申请财政贴息支持。探索将绿色信贷纳入宏观审慎评估框架，并将绿色信贷实施情况关键指标评价结果、银行绿色评价结果作为重要参考依据纳入相关指标体系，形成支持绿色信贷等绿色金融业务的激励机制和抑制高污染、高能耗和产能过剩行业贷款的约束机制。

（2）推动银行业自律组织逐步建立银行绿色评价机制。明确评价指标设计、评价工作的组织流程及对评价结果的合理运用，通过银行绿色评价机制引导金融机构积极开展绿色金融业务，做好环境风险管理。对主要银行先行开展绿色信贷业绩评价，在取得经验的基础上，逐渐将绿色银行评价范围扩大至中小商业银行。支持银行和其他金融机构在开展信贷资产质量压力测试的同时，将环境和社会风险作为重要的影响因素，在资产配置和内部定价中予以充分考虑。鼓励银行和其他金融机构对环境高风险领域的贷款和资产风险敞口进行评估，定量分析风险敞口在未来各种情况下给金融机构可能带来的信用和市场风险。

（3）推动绿色信贷资产证券化。在总结前期绿色信贷资产证券化业务试点经验的基础上，通过进一步扩大参与机构范围，规范绿色信贷基础资产遴选，探索高效、低成本抵质押权变更登记方式，提升绿色信贷资产证券化市场的流动性，加强相关信息披露管理等举措，推动绿色信贷资产证券化业务常态化发展。研究明确贷款人的环境法律责任。依据我国相关法律法规，借鉴环境法律责任的相关国际经验，立足国情探索研究明确贷款人的尽职免责要求和环境保护法律责任，适时提出相关立法建议。完善绿色债券的相关规章制度，统一绿色债券的界定标准。研究完善各类绿色债券发行的相关业务指引、自律性规则，明确发行绿色债券筹集的资金专（或主要）用绿色项目。加强部门间协调，建立和完善我国统一的绿色债券界定标准，明确发行绿色债券的信息披露要求和监管安排等。支持符合条件的机构发行绿色债券和相关产品，提高核准（备案）效率。

二、加大绿色投资力度

　　狭义的绿色投资是指将提升企业环境绩效、促进绿色产业发展及降低环境风险作为目标，运用系统性绿色投资策略，对能够产生环境效益、降低环境成本与风险或直接从事环保产业的企业或项目进行投资的行为。广义的绿色投资则是指，将一切有益于人类社会与自然生态和谐共处且可持续发展的投资行为涵盖在内的投资行为。绿色投资和传统投资相比，最大的区别在于两种投资模式处理经济增长和环境保护的关系不同，这主要与其产生的背景有关。

　　传统投资模式源自过去粗放单一的生产经营模式，只注重经济效益，无限制地向大自然索取并排放污染物，对于环境保护和可持续发展考虑甚少。在经济发展与环境污染矛盾日益激化的背景下，如何实现投资的经济效益和环境效益成为各个投资主体需要考虑的问题，在这种情况下，绿色投资应运而生，这就使得两种投资模式的投资主体和投资者追求的目标有所区别。

　　此外，在生产经营模式传统投资中的高污染、高消耗、低效率，势必会造成严重的环境污染，破坏人与自然的和谐关系。而绿色投资要求企业加强技术创新，深化绿色改革，建立绿色生产模式，在投资项目初期加强环境保护规划，同时在生产过程中注重节能、节料和减排，实现经济的可持续增长和生态环境的健康发展。

　　在加大绿色投资的过程中，政府通过采取以下措施来积极支持符合条件的绿色企业上市融资或再融资。在符合发行上市相应法律法规、政策的前提下，积极支持符合条件的绿色企业按照法定程序发行上市。支持已上市的绿色企业通过增发等方式进行再融资。科学引导各类机构投资者投资绿色金融产品。鼓励对养老基金、保险资金等长期资金开展绿色投资，鼓励投资人发布绿色投资责任报告。提升机构投资者对所投资资产涉及的环境风险和碳排放的分析能力，就环境和气候因素对机构投资者（尤其是保险公司）的影响开展压力测试。

三、建立绿色基金

建议加快制定绿色基金标准和投资规范指引,在国家发展改革委《绿色产业指导目录（2019）》、中国证券基金业协会《绿色投资指引(试行)》等政策的基础上,参考《绿色信贷指引》《绿色债券支持项目目录(2021年版)》等文件,明确对绿色基金的评价标准、统一绿色基金投资领域分类,根据股权投资、证券投资等不同类型绿色基金,出台具有实操性的执行标准;构建绿色投资相关数据库,推动绿色投资高质量发展。

政府要进一步细化绿色基金顶层设计政策,通过推出放宽市场准入、给予财政奖励等激励措施,完善财税优惠政策,吸引社会资本参与绿色基金的设定。建议对绿色基金支持的绿色项目实施财政贴息、税收减免、财政奖励、担保增信等措施,降低绿色项目风险、提高绿色项目收益。对公益性项目,建议通过使用者付费、政府付费、可行性缺口补贴等组合措施,通过适当提高绿色项目回报率来吸引社会资本投资。

政府要建立完善绿色基金信息公开披露制度,严格规划基金投资对象和领域。对绿色基金进行季度或年度绩效评估,建立完善的绿色基金绩效评估体系,从环境效益、经济效益等方面评估绿色基金运作效果,探索建立第三方绿色基金绩效评估制度。政府要研究出台针对绿色基金的监督管理制度,制定从覆盖绿色项目的选择到基金决策各个环节的绿色基金审查体系,并完善相关奖惩措施,确保资金真正投向绿色项目。

四、发展绿色保险

党的十八届五中全会正式确立了"创新、协调、绿色、开放、共享"五大发展理念,以人与自然和谐共生为价值取向的绿色发展理念位列其中。所谓绿色发展,是指以生态环境容量和资源承载力为既定约束条件,以环境资源为内生要素,最大限度实现经济、社会和环境的可持续发展的一种新型发展模式。实现绿色发展的关键在于传统发展模式的"绿色化"转型,即经济社会活动的"绿色化"。

经济社会活动的"绿色化"包含保险的"绿色化"。我们将有关环境污染责任的保险称之为"绿色保险",它是在适应绿色发展过程中为解决因经济社会活动中的环境问题衍生的环境风险,其提供的是一种保险制度安排和长期治理机制。绿色保险的作用机理,是通过保险产品的"绿色化"设计，将低碳、环保等绿色发展理念融入保险产品之中，然后借力保险的风险管理机制及其派生功能，从而达到助推经济社会活动"绿色化"的目的。

探寻绿色发展与绿色保险的自然演进轨迹，透视绿色发展与绿色保险之间的内在逻辑，我们不难发现，两者的生存与发展被置于一个由两者相互依赖、相互影响和相互促进的"开放系统"之中。以此视角审视绿色保险助推绿色发展，促进保险业自身发展不过是外在的表现形式，承担社会责任才是其内在的本质要求。目前，相关国际组织基于这一认识基础制定的有关制度框架，已得到愈来愈多国家和保险组织的认可和积极响应。

绿色保险是指贯彻落实绿色发展理念和生态文明思想，围绕保障服务国家生态安全和生态高质量发展、服务政府生态治理所开展的一切应用保险理念手段进行的生态风险管理活动和资金运用活动的总称，绿色保险是保险社会管理功能的集中体现。

习近平总书记在 2018 年 5 月 18 日至 19 日全国生态环境保护大会上作出了我国生态文明建设处在关键期、攻坚期、窗口期的新判断，以及我国正在推动生态环境保护发生历史性、转折性、全局性变化的新定位，形成了新时代推进生态文明建设的新原则、新体系、新目标、新任务、新要求，形成了习近平生态文明思想。当前，思考和发展绿色保险，政府应将贯彻落实绿色发展理念和生态文明思想作为起点和源泉，跳出环境污染责任险的"狭小领地"，从新时代、新经济、新金融、新治理的高度，建构和完善绿色保险理论。

全面提升绿色保险认识，加快绿色保险理论建构。政府要从统筹推进"五位一体"总体布局、协调推进"四个全面"战略布局的高度，从准确把握保险业发展初心和精准研判保险业创新趋势的高度，全面提升绿色保险认识，加大绿色保险宣传培训，将绿色保险作为数字保险之外保险业创新发展的重要方面来看待，将绿色保险作为保险业深化服务实体经济的重要举措来抓。创新实践，理论先行，加快绿色保险理论研讨，加快构建完善与新时代中国特色社会主义实践相适应的绿色保险理论。

全面加强绿色保险顶层设计，优化绿色保险发展环境。政府要在认真总结现有实践经验问题和理论研究成果基础上，加快绿色保险顶层设计，尽快建构完善绿色保险顶层设计。优化绿色保险发展的制度环境、政策环境、生态环境、人才环境、舆论环境，加快环境损害重点领域保险强制化步伐，尽快出台相关文件，加大环境增益重点领域保险奖补力度，尽快出台相关政策，加强对绿色保险急需的跨学科、实践型人才的培养，加强对绿色保险发展有利的生态建设，尤其是与绿色信贷、绿色科技、绿色政策的联动生态，优化绿色保险舆论环境，让绿色理念和生态文明思维的阳光照到新时代保险创新实践的各个领域。

全面推进绿色保险产品服务创新，加大绿色保险产品服务供给力度。当前我国绿色保险产品服务还非常单一，加大绿色保险创新供给，首先要强化绿色保险的"正向供给"，大力发展生态保险。生态保险是在山水林田湖等生命共同体领域对通过"减肥减药"、土壤改良等环境增益方式改善生态环境，增加公众生态利益的行为通过保险方式进行奖补支持的保险活动，"山水林田湖是生命共同体"，围绕这一"生命共同体"开展生态保险应作为当前重点。生态保险与农业保险既相互联系也有所区别，两者均具有很强的社会公益性，属于政策性领域，但生态保险的保障利益是生态环境和公众生态利益；农业保险保障的利益是农业生产主体生产过程中的风险利益，虽然在不少情况下生态环境和公众利益会间接受益。

第五章　构建能源体系，促进经济绿色发展

第一节　发展储能产业，构建低碳能源体系

近几年，储能行业发展势头很快，储能技术发展迅猛，人们对储能系统中飞轮、超导体、超级电容、铅蓄电池、锂离子电池等储能技术进行了研究和推广，储热、储冷、储氢技术也有了长足的进步。目前，国内的蓄电技术已基本实现工业化。加速发展储能技术和工业发展，对建设"清洁低碳、安全高效"的现代能源工业体系，实现 2030 年碳达峰、2060 年碳中和目标，推进我国能源行业供给侧结构性改革，推动能源生产和使用方式的改革具有重要战略意义。储能产业的发展还将带动从材料制备到系统集成全产业链发展，成为提升产业发展水平，推动经济社会发展的新动能。

一、储能产业的现状、应用范围及发展前景

（一）储能产业的发展现状

2016 年，国家发展改革委、能源管理局发布了《能源技术革命创新行动计划（2016－2030 年）》，在其中 15 大项目中的《能源技术革命创新》中提出：开展可再生能源并网、分布式及微电网、电动汽车应用的储能技术，掌握储能技术各环节的关键核心技术，完成示范验证，总体技术达到国际领先水平，引领储能技术与产业发展。

当前，集中式大型储能电站的单机容量可达百兆瓦量级，发电时间可达数小时，可在电力系统负荷低谷时消纳富余电力，在负荷高峰时向电网馈电，起到"削峰填谷"的作用，从而促进电力系统的经济运行。一般情况下，用电尖峰时间约占用电时段的 5%，对应尖峰用电量的 20%，这部分电量具有较高的商用价值。根据国内大型城市的峰谷电价差统计数据核算，目前，储能最低成本为 0.5 元/度。电价大于 0.8 元/度的地区使用该系统，这些地区对应的 2019 年用电量合计约为 3972.54 亿千瓦·小时，若其中 10% 的用电量通过储能来进行削峰填谷，约需要 1.2 亿千瓦·小时的储能设备（其容量对应日充放电量），若按储能每千瓦·小时约 1250 元的投资额计算，

则对应累计市场规模将达到 1500 亿元人民币。

储能电站的容量配置为几兆瓦到几十兆瓦,可与光伏电站、风电场、小水电站等配套建设,将间歇性的可再生能源储存起来,在用电高峰期释放,缓解当前的弃风、弃光、弃水、限电困局。

(二)储能产业的应用范围

随着电信网络的发展和覆盖面越来越大,电信固定资产投资规模增速明显上升,在 5G 建设的带动下将继续保持平稳增长。按一般通信基站的配置要求,后备电源需求占总投资的 2%~3%,由于储能系统不受外界电网、燃料供应等条件的限制,对电网出现的突发情况,如冰灾造成的断网等,储能系统将提供十分可靠的不间断电源服务。

随着互联网和云计算技术的发展,过去几年中国互联网市场复合增长率达到了 40%,明显拉动了对不间断电源(Uninterruptible Power System,UPS)的需求。2019 年,国内 UPS 销售额为 47.6 亿元人民币,若"十四五"期间以 10%的复合增速增长,预计 UPS 整体市场规模将达到 300 亿元人民币。2018－2020 年交通基础设施重大工程投入约 36000 亿元人民币,其电源设备需求也有 200 多亿元人民币的市场规模。

沙漠、山区、海岛地区主要利用柴油发电机作为主要电源,柴油的使用增加了交通运输的费用和压力,柴油发电机会产生大量的污染物和噪声,从而会破坏这些地区的生态环境。此外,使用单一柴油发电机的系统供电可靠性较低,经常出现供电短缺甚至长时间中断的情况,给当地居民的生产、生活带来不便。但是这些地区大多处于风能、太阳能、海洋能等可再生能源丰富的区域,开发并利用可再生能源及清洁储能设备可以有效缓解这些地区电力供应短缺的问题。

(三)储能产业的发展前景

在碳中和背景下,风电、太阳能等可再生能源越来越多地被开发利用。这类可再生能源的间歇性和波动性,使电力系统难以完全适应新能源大规模发展和消纳的要求,部分地区出现了较为严重的弃风、弃光现象。根据国家能源局统计数据,2019 年我国弃风率最高省份的弃风率为 14%,弃光率最高省份的弃光率超过 24%。为了提高可再生能源并网的稳定性,储能是有效调节可再生能源发电引起的电网电压、频率及相位变化,促进可再生能源大规模发电,且可以并入常规电网的必要条件。

全球能源互联网的实质是"智能电网+特高压电网+清洁能源"。智能电网是基础，特高压电网是关键，清洁能源是根本，而大规模储能系统是智能电网建设的关键一环。从某种程度上来说，储能技术应用程度既决定了可再生能源发展水平，又决定了能源互联网的成败。西方国家在 10 年前就已经开始重视储能的技术研发和产业化。美国政府以其国防部先进研究计划为范本，成立能源部先进研究计划署，集结全美国最好的科学家、工程师和企业家对可再生能源技术进行研究，而储能技术是其重中之重。德国能源转型令世界瞩目，德国可再生能源占电力来源的比例从 2000 年的 6%增长到 2015 年的 30%，这一比例在部分时段甚至会达到 70%~90%。德国在能源转型过程中颇为重视储能技术，政府除了资助相关技术研发费用外，每年还设立 5000 万欧元作为补助金，专门帮助居民购买储能系统，在光伏发电量的使用者中有 1/3 是居民。

二、推动现代储能产业发展的路径探索

（一）加快技术创新，提升现代储能产业发展水平

发挥政府引导和市场能动双重作用，加强储能技术创新战略性布局和系统性谋划，积极开展新型储能关键技术研发，采用"揭榜挂帅"方式开展储能新材料、新技术、新装备攻关，加速实现核心技术自主化，推动产学研用各环节有机融合，加快创新成果转化，提升新型储能领域创新能力。

1. 加大关键技术装备研发力度

推动多元化技术开发。开展钠离子电池、新型锂离子电池、铅炭电池、液流电池、压缩空气、氢（氨）储能、热（冷）储能等关键核心技术、装备和集成优化的设计研究，集中攻关超导、超级电容等储能技术，研发储备液态金属电池、固态锂离子电池、金属空气电池等新一代高能量密度储能技术。

2. 积极推动产学研用融合发展

支持产学研用体系和平台建设。支持以"揭榜挂帅"等方式调动企业、高校及科研院所等各方面力量，推进国家级储能重点实验室以及国家储能技术产教融合创新平台建设，促进教育链、人才链和产业链的有机衔接和深度融合。鼓励地方政府、企业、金融机构、技术机构等单位联合组建新型储能发展基金和创新联盟，优化创新资源分配，推动技术和商业模式创新。

加强学科建设和人才培养。落实《储能技术专业学科发展行动计划（2020－2024）》要求，完善新型储能技术人才培养专业学科体系，深化新型储能专业人才和复合人才培养。支持依托新型储能研发创新平台，申报国家或省部级科技项目，培养优秀新型储能科研人才。

3．健全技术创新体系

加快建立以企业为主体、以市场为导向、产学研用相结合的绿色储能技术创新体系，强化新型储能研发创新平台的跟踪和管理。支持相关企业、科研机构、高等院校等持续开展新型储能技术创新、应用布局、商业模式、政策机制、标准体系等方面的研究工作，加强对新型储能行业发展的科学决策支撑。

突破全过程安全技术。发展电池本质安全控制、电化学储能系统安全预警、系统多级防护结构及关键材料、高效灭火及防复燃、储能电站整体安全性设计等关键技术，支撑大规模储能电站安全运行。突破储能电池循环寿命快速检测和老化状态评价技术，研发退役电池健康评估、分选、修复等梯次利用相关技术，研究多元新型储能接入电网系统的控制保护与安全防御技术。

（二）积极试点示范，稳妥推进新型储能产业化进程

聚焦各类应用场景，关注多元化技术路线，以稳步推进、分批实施的原则开展新型储能试点示范，加强对示范项目的跟踪评估。加快重点区域试点示范，鼓励各地先行先试。通过示范应用带动新型储能技术的进步和产业升级，完善产业链，增强产业竞争力。

1．加快多元化技术示范应用

加快重大技术创新示范发展。积极开展重大技术装备示范、科技创新储能的试点示范。加强试点示范项目的跟踪监测与分析评估，为新技术、新产品、新方案的实际应用效果提供科学数据支撑，为国家制定产业政策和技术标准提供科学依据。推动国家级新型储能实证基地建设，为各类新型储能设备的研发、标准制定、运行管理、效益分析等提供验证平台。

2．推进不同场景及区域试点示范

深化不同应用场景试点示范。聚焦新型储能在电源侧、电网侧、用户侧各类应用场景，遴选一批新型储能示范试点项目，结合不同应用场景制定差异化支持政策。结合试点示范项目，深化不同应用场景下储能装备、系统集成、规

划设计、调度运行、安全防护、测试评价等方面的关键技术研究。

加快重点区域试点示范的发展。积极开展区域性储能示范区建设，鼓励各地因地制宜开展新型储能政策机制改革试点，推动重点区域新型储能试点示范项目建设。结合以沙漠、戈壁、荒漠地区为重点的大型风电和光伏基地建设开展新型储能试点示范；加快青海省国家储能发展先行示范区建设；加强河北、广东、福建、江苏等地首批科技创新储能试点示范项目的跟踪评估；统筹推进张家口可再生能源示范区新型储能发展。鼓励各地在具备先进技术、人才队伍和资金支持的前提下，大胆先行先试，开展技术创新、模式创新以及体制机制创新试点的示范和应用。

（三）推动规模化发展，支撑构建新型电力系统

持续优化建设布局，促进新型储能与电力系统各环节融合发展，支撑新型电力系统建设。推动新型储能与新能源、常规电源协同优化运行，充分挖掘常规电源储能潜力，提高系统调节能力和容量支撑能力。合理布局电网侧新型储能，着力提升电力安全保障水平和系统综合效率。促进用户侧新型储能灵活多样发展，探索储能融合发展新场景，拓展新型储能应用领域和应用模式。

1. 加大力度发展电源侧新型储能

推动系统友好型新能源电站建设。在新能源资源富集地区，如内蒙古、新疆、甘肃、青海等，以及其他新能源高渗透率地区，重点布局一批配置合理新型储能的系统友好型新能源电站，推动高精度长时间尺度功率预测、智能调度控制等创新技术的应用，保障新能源高效消纳利用，提升新能源并网的友好性和容量支撑能力。

支撑高比例可再生能源基地外送。依托存量和"十四五"新增跨省跨区输电通道，在东北、华北、西北、西南等地区充分发挥大规模新型储能作用，通过"风光水火储一体化"多能互补模式，促进大规模新能源跨省区外送消纳，提升通道利用率和可再生能源电量占比。

促进沙漠戈壁的大型风电光伏基地开发消纳。配合沙漠、戈壁、荒漠等地区大型风电和光伏基地的开发，研究新型储能的配置技术、合理规模和运行方式，探索利用可再生能源制氢，支撑大规模新能源外送。

促进大规模海上风电开发消纳。结合广东、福建、江苏、浙江、山东等地区大规模海上风电基地的开发，开展海上风电配置新型储能研究，降

低海上风电汇集输电通道的容量需求，提升海上风电消纳的利用水平和容量支撑能力。

提升常规电源调节能力。推动煤电合理配置新型储能，开展抽汽蓄能示范，提升运行特性和整体效益。探索开展新型储能配合核电调峰调频及多场景应用。探索利用退役火电机组既有厂址和输变电设施建设新型储能或风光储设施。

2. 因地制宜发展电网侧新型储能

提高电网安全稳定运行水平。在负荷密集接入、大规模新能源汇集、大容量直流馈入、调峰调频困难和电压支撑能力不足的关键电网节点，合理布局新型储能，充分发挥其调峰、调频、调压、事故备用、爬坡、黑启动等多种功能，作为提升系统抵御突发事件和故障后恢复能力的重要措施。

增强电网薄弱区域的供电保障能力。在供电能力不足的偏远地区，如新疆、内蒙古、西藏等地区的电网末端，合理布局电网侧新型储能或风光储电站，提高供电保障能力。在电网未覆盖地区，通过新型储能支撑太阳能、风能等可再生能源的开发利用来满足当地用能需求。

延缓和替代输变电设施投资。在输电走廊资源和变电站站址资源紧张地区，如负荷中心地区、临时性负荷增加地区、阶段性供电可靠性需求提高地区等，支持电网侧新型储能建设，延缓或替代输变电设施升级改造，降低电网基础设施综合建设成本。

提升系统应急保障能力。围绕政府、医院、数据中心等重要电力用户，在安全可靠的前提下，建设一批移动式或固定式新型储能作为应急备用电源，研究极端情况下对包括电动汽车在内的储能设施集中调用机制，提升系统应急供电保障能力。

3. 灵活多样发展用户侧新型储能

支撑分布式供能系统建设。围绕大数据中心、5G 基站、工业园区、公路服务区等终端用户，以及具备条件的农村用户，依托分布式新能源、微电网、增量配网等配置新型储能，探索电动汽车在分布式供能系统中的应用，提高用能质量，降低用能成本。

提供定制化用能服务。针对工业、通信、金融、互联网等用电量大且对供电可靠性、电能质量要求高的电力用户，根据优化商业模式和系统运行模式需要配置新型储能，支撑高品质用电，提高综合用能的效率和效益。

提升用户灵活调节能力。积极推动不间断电源、充换电设施等用户侧分散式储能设施建设，探索推广电动汽车、智慧用电设施等双向互动智能充放电技术的应用，提升用户的灵活调节能力和智能高效用电水平。

4. 开展新型储能多元化应用

推进源网荷储一体化协同发展。通过优化整合本地电源侧、电网侧、用户侧资源，合理配置各类储能，探索不同技术路径和发展模式，鼓励源网荷储一体化项目开展内部联合调度。

加快跨领域融合发展。结合国家新型基础设施建设，积极推动新型储能与智慧城市、乡村振兴、智慧交通等领域的跨界融合，不断拓展新型储能应用模式。

拓展多种储能形式应用。结合各地区资源条件以及对不同形式的能源需求，推动长时间电储能、氢储能、热冷储能等新型储能项目建设，促进多种形式储能发展，推动综合智慧能源系统建设。

（四）完善体制机制，加快新型储能市场化步伐

加快推进电力市场体系建设，明确新型储能独立市场主体地位，营造良好的市场环境。研究建立新型储能价格机制，研究合理的成本分摊和疏导机制。创新新型储能商业模式，探索共享储能、云储能、储能聚合等商业模式的应用。

1. 营造良好的市场环境

积极推进各种类型的电力市场的发展。要加速中长期电力交易市场、电力现货市场和辅助服务市场的建设进程，促进电力市场的自给自足。本书对新能源进入电网的准入条件、机制、技术规范进行了探讨，明确了相关交易、调度和结算规则。

要健全与之相适应的配套服务市场化运作模式。鼓励以独立电站、集合商、虚拟电厂等方式的新型储能系统参加辅业，并根据需要，因地制宜建立"以效应支付"的辅助业务，充实配套服务交易种类，研究开展备用、爬坡等辅助服务交易。

2. 合理疏导新型储能成本

加大"新能源+储能"支持力度。在新能源装机占比高、系统调峰运行压力大的地区，积极引导新能源电站以市场化方式配置新型储能。对于配套建设新型储能或以共享模式落实新型储能的新能源发电项目，结合储能技术水平和系统效益，可在竞争性配置、项目核准、并网时序、保障利用

小时数、电力服务补偿考核等方面优先考虑。

完善电网侧储能价格疏导机制。以支撑系统安全、稳定、高效运行为原则，合理确定电网侧储能的发展规模。建立电网侧独立储能电站容量及电价机制，逐步推动储能电站参与电力市场。科学评估新型储能输变电设施投资替代效益，探索将电网替代性储能设施成本收益纳入输配电价回收。

完善用户侧储能发展的价格机制。加快落实分时电价政策，建立尖峰电价机制，拉大峰谷价差，引导电力市场价格向用户侧传导，建立与电力现货市场相衔接的需求侧响应补偿机制，增加用户侧储能的收益渠道。鼓励用户采用储能技术减少接入电力系统的增容投资，发挥储能在减少配电网基础设施投资上的积极作用。

3. 拓展新型储能商业模式

探索推广共享储能模式。鼓励新能源电站以自建、租用或购买等形式配置储能，发挥储能"一站多用"的共享作用。积极支持各类主体开展共享储能、云储能等创新商业模式的应用示范工作，试点建设可以共享储能交易平台和运营监控系统。

研究开展储能聚合应用。鼓励不间断电源、电动汽车、充换电设施等用户侧分散式储能设施的聚合利用，通过大规模分散小微主体聚合，发挥负荷削峰填谷作用，参与需求侧响应，创新源荷双向互动模式。

创新投资运营模式。鼓励发电企业、独立储能运营商联合投资新型储能项目，通过市场化方式合理分配收益。建立源网荷储一体化和多能互补项目协调运营、利益共享机制。积极引导社会资本投资新型储能项目，建立健全社会资本建设新型储能的公平保障机制。

第二节　布局智慧能源，促进能源体系现代化

一、智慧能源及其发展机遇

（一）智慧能源系统

"2030 年碳达峰，2060 年碳中和"目标的提出，必将使智慧能源产业迎来跨越式发展。大数据、云计算、区块链、人工智能等前沿技术也将日益融入智慧能源产业，重塑智慧能源业态。"智慧能源大脑"的提出，势必

推动能源系统与信息技术深度融合，加速能源清洁化、智慧化、可持续化发展，助力"碳达峰、碳中和"目标的快速实现。

智能能源是把信息技术、通信技术和智能控制技术与能源生产、供应和消费相结合的能源技术，根据地热、太阳能、空气、污水、工业废水、天然气等多种可再生、洁净的资源，采用冷热回收、蓄能、热平衡、智能控制等新技术，通过对各类能源进行智能平衡控制，以达到循环的目的，满足制冷、供热、热水、冷藏、发电等多种需要。

智慧能源系统主要由供能网络（如供电、供气、制冷、供热、热水网络）、能源交换环节（如燃气发电机组、余热回收机组、热泵机组等）、能源存储环节（如储电、储气、储热、储冷等）、终端综合能源共用单元（如微网）和大量终端用户共同构成。智慧能源系统能有效促进各类能源互通互济、源网荷储协调互动，具有梯级利用、综合效率高以及无污染、无排放、清洁、低碳、高效等特征，属于国家支持的清洁能源范畴。

智慧能源可实现制冷、供热、电力、热水、蒸汽等多能协调和源网荷储协同，实现不同能源的规划设计、优化配置、协同建设、智能运营，提升能源使用效率，提高能源综合服务能力和水平，并实现能源的数字化、自动化、信息化、互动化、智能化、精准计量、广泛交互、自律控制等，从而实现能源的最佳化与广域协同。

（二）智慧能源的发展机遇

近几年，世界各国都在加快推进低碳甚至"去碳化"的进程，能源结构正在向高效、清洁、多元化发展，世界各国正在进行深刻的能源结构调整。目前，全球能源开发的重点是生物质能、太阳能和风能，以加速能源转型、提高能源安全、降低矿物能源的依赖性。中国加入了联合国的全球气候变化倡议，加速技术革新和机构变革，促进了可再生能源的发展。重点发展可再生能源，尤其是在新能源的并网技术、储能、储热、微网技术等方面，以及在能源应用数字化和智能化的持续强化方面。

1. 政治机会

《关于推进"互联网+"智慧能源发展的指导意见》（以下简称《意见》）是国家发展改革委、国家能源局、工业和信息化部共同发布的。《意见》指出，鼓励用户侧建设冷热电三联供、热泵、工业余压利用等综合能源利用基础设施，促进分布式和天然气的协调发展，促进可再生资源的开发利用。

国家发展改革委和国家能源局发布《关于推进多能互补集成优化示范工程建设的实施意见》指出，建立多能协同协同优化示范项目是建设"网络+"智能能源体系的一项重大工作。

我国"十四五"和2035年发展战略纲要中，明确指出要建立智能能源体系，提高新的能量吸收与储存容量。鼓励有能力的地区实现碳减排，制定到2030年实现减排目标。

2. 市场机遇

新世界研究中心发布的《2019－2024年中国智慧能源市场调查及行业分析报告》显示，2018年，我国智慧能源市场规模已经达到850亿元人民币，其中，城市能源综合服务占65%。智慧能源是解决我国现有能源问题的重要方式，但行业仍处于起步阶段，随着国家与资本的重视力度不断增加，智慧能源行业未来的发展市场空间巨大。预计到2024年，我国智慧能源市场规模将达到1600亿元人民币，行业发展前景广阔。

我国智慧能源发展具有较明显的区域特征，已建或核准的项目按区域可分为长三角、珠三角、川渝等几个重点区域市场，各地受经济条件和政策条件等因素的影响，发展动力及发展现状均存在差异。从分布地区来看，长三角地区依靠地方政策强势推动产业良性发展，智慧能源项目数量较多；珠三角区域经济可承受性高，综合能源需求量大，开发智慧能源的内在动力充足；随着成渝双城经济圈的发展，两地共同提出打造具有全国影响力的能源绿色高效利用示范区和重要清洁低碳能源生产基地等，经济环境、人才策略等优势逐步凸显，川渝地区将成为智慧能源产业发展的后起之秀，发展潜力不容小觑。从目前市场的主要用能情况分析，城市综合体、工业园区、大型工厂、医院、学校等公共建筑，由于用能集中、能耗高、能源成本比例增加、环保责任意识增强等多种因素，自发建设智慧能源系统已成为智慧能源行业发展的新动向。

3. 时代机遇

《中华人民共和国国民经济和社会发展第十四个五年规划和2035年远景目标纲要》在2021年3月通过，其中十一次提到能源，强调推进能源改革，建设智慧能源系统。智慧能源作为能源系统的前沿技术，涵盖包括可再生能源、清洁能源、能源装备、能源规划、数字管控、信息化建设等多产能发展，其核心任务是实现能源"低碳化、多元化、智慧化、去中心化"的目标。

为了能在2030年之前实现碳达峰、在2060年之前实现碳中和，在"十四五"期间，应以智慧能源为"目标"，以发展可持续发展绿色能源为主。与此同时，国家和各地区要从整体的能源体系上进行规划，以多能互补、源网荷存协同支持、协同优化，推进"云大物移智链"等数字信息技术的应用，助力能源数字化转型，建设综合智能能源系统。"十四五"期间，我国的智慧能源开发和应用将会出现更大的发展机遇，新模式和新业态的发展将为智慧能源的大规模发展提供有力的支持。

二、智慧能源对能源系统发展的影响

习近平在 2014 年的中央财经委员会第六次全会上，就能源改革的目标指出，从能源供给、消费、技术、制度四个层面进行能源变革，促进能源和能源产业的发展，构建清洁、低碳、安全、高效的能源系统。在新的能源发展格局下，用"云大物移智链"等先进的信息化技术来加快能源和电力行业的深度整合，引领能源和电力行业向数字化、更智能化转型发展，为我国能源改革的持续深化和能源结构转型提供坚实的支撑。

（一）智慧能源推动能源供给改革

首先，智慧能源的发展将促进能源的生产和供应模式发生显著变化。我国能源供应模式将从单一化供应转变为多元化供应，包括供应主体的多元化、能源产品的多元化和业务结构的多元化等。

其次，智慧能源将推动智慧电厂、智能电网等新业态的发展，提供更安全、智能的能源生产和传输服务，有效改善能源生产和供应模式、提高能源系统中新能源的生产和供应比例。

（二）智慧能源推动能源消费改革

一方面，智慧能源发展模式下能源市场信息的实时共享特征可赋予用户更广泛的消费选择权，新业态、新模式将不断涌现，进而催生出更加丰富多元的能源消费类型；另一方面，"云大物移智链"等现代信息技术的应用能够在支撑用户对自身能效水平即时、全面感知的基础上，为用户的综合能效分析、用能决策及多环节协调管控优化提供辅助支持，进而推动能源的高质与高效消费。

（三）智慧能源助力能源技术改革

智慧能源对能源电力系统关键设备及平台的智能化、精确化和标准化要求将为原有的能源技术、信息管理技术带来深刻变革。同时，智慧能源信息的物理融合特性也会推动能源领域的技术框架和互联网、通信领域的技术体系紧密融合，带动诸如能源大数据、能源区块链、5G能源信息网等一批新技术的发展和应用，为能源技术开辟全新的研究方向，从而推动能源技术改革。

（四）智慧能源助力能源体制改革

建设智慧能源体系，可助力实现能源系统运营管理机制的创新，带动能源产业上下游及周边产业协同发展，打造智慧能源生态圈。建设智慧能源生态圈可充分发挥能源企业、装备制造企业、科研院所等各类主体优势，打通服务流、信息流、资金流，提升资源要素配置效率，为能源系统的转型升级创造良好平台，以共享经济、平台经济的发展模式创新能源系统运营的体制机制，进而支撑能源体制改革。

三、智慧能源建设与布局的实施建议

（一）推动建设智能化能源生产消费基础设施

1. 推动可再生能源生产智能化

鼓励建设智能风电场、智能光伏电站等设施及基于互联网的智慧运行云平台，实现可再生能源的智能化生产。鼓励用户侧建设冷热电三联供、热泵、工业余热余压利用等综合能源的利用基础设施，推动分布式可再生能源与天然气分布式能源协同发展，提高分布式可再生能源综合利用水平。促进可再生能源与化石能源协同生产，推动对散烧煤等低效化石能源的清洁替代，推动绿色低碳发展。

2. 推进化石能源生产清洁、高效、智能化

鼓励煤、油、气开采、加工及利用全链条智能化改造，实现化石能源绿色、清洁和高效生产。鼓励建设与化石能源配套的电采暖、储热等调节设施，鼓励发展天然气分布式能源，增强供能灵活性、柔性化，实现化石能源高效梯级利用与深度调峰。加快对化石能源的生产监测、管理和对调度体系的网络化改造，建设市场导向的生产计划决策平台与智能化信息管理系统，完善化石能源的污染物排放监测体系，以互联网手段促进化石能源供需的高效匹配、运营的集约高效。

3．推动集中式与分布式储能协同发展

开发储电、储热、储冷、清洁燃料存储等多类型、大容量、低成本、高效率、长寿命储能产品及系统。推动在集中式新能源发电基地配置适当规模的储能电站，实现储能系统与新能源、电网的协调优化运行。推动建设小区、楼宇、家庭应用场景下的分布式储能设备，实现储能设备的混合配置。

4．加快推进能源消费智能化

鼓励建设以智能终端和能源灵活交易为主要特征的智能家居、智能楼宇、智能小区和智能工厂，支撑智慧城市建设。加强电力需求侧管理，普及智能化用能监测和诊断技术，加快工业企业能源管理中心建设，建设基于互联网的信息化服务平台。构建以多能融合、开放共享、双向通信和智能调控为特征，各类用能终端灵活融入的微平衡系统。建设由家庭、园区、区域不同层次的用能主体参与能源市场的接入设施和信息服务平台。

（二）加强多能协同综合能源网络建设

1．推进综合能源网络基础设施建设

建设以智能电网为基础，与热力管网、天然气管网、交通网络等多种类型管网互联互通，多种能源形态协同转化、集中式与分布式能源协调运行的综合能源网络。加强统筹规划，在新城区、新园区以及大气污染严重的重点区域率先布局，确保综合能源网络结构合理、运行高效。建设高灵活性的柔性能源网络，保证能源传输的灵活可控和安全稳定。

2．加快建立协调调节设备和能量访问转换

推动不同能源网络接口设施的标准化、模块化建设，支持各种能源生产、消费设施的"即插即用"与"双向传输"，大幅提升可再生能源、分布式能源及多元化负荷的接纳能力。推动支撑电、冷、热、气、氢等多种能源形态灵活转化、高效存储、智能协同的基础设施建设。建设覆盖电网、气网、热网等智能网络的协同控制基础设施。

（三）推动能源与信息通信基础设施深度融合

1．促进智能终端及接入设施的普及应用

发展能源互联网的智能终端高级量测系统及其配套设备，实现电能、热力、制冷等能源消费的实时计量、信息交互与主动控制。丰富智能终端

高级量测系统的实施功能，促进水、气、热、电的远程自动集采集抄，实现多表合一。规范智能终端高级量测系统的组网结构与信息接口，实现与用户之间安全、可靠、快速的双向通信。

2．增强信通设备支持的能力

优化能源网络中传感、信息、通信、控制等元件的布局，与能源网络各种设施实现高效配置。推进能源网络与物联网之间信息设施的连接与深度融合。对电网、气网、热网等能源网络及其信息架构、存储单元等基础设施进行协同建设，实现基础设施的共享复用，避免重复建设。推进电力光纤到户工程，完善能源互联网信息通信系统。在充分利用现有信息通信设施基础上，推进电力通信网等能源互联网信息通信设施建设。

3．推进信息系统与物理系统的高效集成与智能化调控

推进信息系统与物理系统在量测、计算、控制等多功能环节上的高效集成，实现能源互联网的实时感知和信息反馈。建设信息系统与物理系统相融合的智能化调控体系，以"集中调控、分布自治、远程协作"为特征，实现能源互联网的快速响应与精确控制目标。

4．加强信息通信安全保障能力建设

加强能源信息通信系统的安全基础设施建设，根据信息重要程度、通信方式和服务对象的不同，科学配置安全策略。依托先进密码、身份认证、加密通信等技术，建设能源互联网下的用户、数据、设备与网络之间信息传递、保存、分发的信息通信安全保障体系，确保能源互联网安全可靠运行。提升对能源互联网网络和信息安全事件的监测、预警和应急处置能力。

（四）营造开放共享的能源互联网生态体系

1．建立一个开放的、共享的能量网络系统

充分利用互联网领域的快速迭代创新特点，建立面向多种应用和服务场景下能源系统互联互通的开放接口、网络协议和应用支撑平台，支持海量和多种形式的供能与用能设备快速、便捷接入。从局部区域着手，推动能源网络分层分区互联和能源资源的全局管理，支持终端用户实现基于互联网平台的平等参与和能量共享。

2．建立能源互联网的市场交易体系

构建多方参与、平等开放、充分竞争的能源市场交易，还原能源商品

属性。培育售电商、综合能源运营商和第三方增值服务供应商等新型市场主体。逐步建设以能量、辅助服务、新能源配额、虚拟能源货币等为标的物的多元交易体系。分层构建能量的批发交易市场与零售交易市场，基于互联网构建能量交易电子商务平台，鼓励交易平台间的竞争，实现随时随地、灵活对等的能源共享与交易。建立基于互联网的微平衡市场交易体系，鼓励个人、家庭、分布式能源等小微用户灵活自主地参与能源市场交易。

3. 促进能源互联网的商业模式创新

搭建能源及能源衍生品的价值流转体系，支持能源资源、设备、服务、应用的资本化、证券化，为基于"互联网+"的 B2B、B2C、C2B、C2C、O2O 等多种形态的商业模式创新提供平台。促进能源领域跨行业的信息共享与业务交融，培育能源云服务、虚拟能源货币等新型商业模式。鼓励面向分布式能源的众筹、PPP 等灵活的投融资手段，促进能源的就地采集与高效利用。开展能源互联网基础设施的金融租赁业务，建立租赁物与二手设备的流通市场，发展售后回租、利润共享等新型商业模式。提供差异化的能源商品，并为灵活用能、辅助服务、能效管理、节能服务等新业务提供增值服务。

第三节　开发清洁能源，优化能源产业结构

一、清洁能源与主要种类

（一）清洁能源的概念

清洁能源包括狭义和广义两种概念。狭义的清洁能源是指水能、风能、太阳能、生物能、海洋能和地热能等可再生能源。这些能源能够实现污染物零排放或低排放，在能源消耗之后可以很快恢复。广义的清洁能源是指天然气、清洁煤和核能等对生态环境低污染或无污染的能源，这些能源的共同点就是在能源生产、被消费的过程中通过现代科技手段显著降低污染或做到零污染。

（二）按类别划分清洁能源

太阳能、海洋能、风能、氢能、生物能（如沼气能）、地热能和水能等属于清洁能源，也属于可再生能源，这些能源取之不尽、用之不竭，已经成为许多能源短缺国家突破发展瓶颈的关键所在。

1．太阳能

太阳能是一种利用现代科技手段，将太阳的光能转换为其他形式的电能、热能、化学能，并在转换过程中实现零污染的新型清洁能源。这种新型能源具有安全、环保、无污染的特点。太阳能的能量转换通过两种方式进行：第一是光与热相互的转换，如太阳能灶、太阳能热水器等；第二种是光与电的转换，如太阳能车、太阳能电池板等。

2．水能

水能是一种重要的可再生清洁能源。水能是指蕴含在水体中的势能、动能和压力能等能量资源。从广义上来讲，水能包括河流水能、波浪能、潮汐能、海流能等；从狭义上来讲，水能资源仅指河流的水资源。以下水能资源的相关研究指狭义的水能资源，即河流的水资源。水不仅在人们的日常生活中被广泛利用，同时水还是重要的能量载体。其中地表水是最重要的一种，巨大的地表径流量和上下落差造就了丰富的水能资源。在工业化社会的今天，随着化石能源的逐渐减少，水能就成为替代资源中最环保、前景最好的一种新型能源。

3．风能

风能是大量空气流动所产生的。因为各地区的环境不同，由于地面受太阳光照射后气温发生了不同的变化，空气中水蒸气蒸发的含量也不尽相同，由此产生了气压差，在高压空气向低压地区流动的时候，风就形成了。风能资源的多少取决于风能密度，并且还受到可利用的风能一年中小时数的影响。研究表明，风能资源与风能密度、可利用风能小时数呈直接的正相关关系。

4．生物能

太阳能以化学能贮存到生物中的能量形式称作生物能。作为可再生能源中最独特的一种能源，生物能的最终来源是太阳能，它可以以液态、气态和固态的形式被利用。生物质能是生物能的一种表现形式。生物质能的利用可以是农林业的副产品及其加工残余废弃物、有机废弃物和人畜粪便等。生物质能是一种清洁能源，它的优点有如下几方面：第一，低硫燃料的供应；第二，在某种情况下可以提供价位较低的能源；第三，可以降低其他常规能源对环境的破坏；第四，与其他清洁能源相比，不存在很高的技术要求。

5．地热能

地热能来自于由地球内部的熔岩散发的热量，它以热力形式存在，同样地震和火山爆发也是由它造成的。地球内部的温度高达 7000℃，而在 80～100 公里的深度处，温度会骤降达到 650℃～1200℃。当地下水的流动和熔岩升至离地面 1～5 公里时，地下水就会被温度极高的熔岩加热后渗透出地面。人类不需要用复杂的技术就可以直接使用地热能。地热能的用途十分广泛，不但可以进行发电，而且可以被人类综合利用在工业及家庭中。地热能可以双循环发电，可用于工业干燥、工业热加工、水产养殖、土壤加温、脱水加工、供暖、制冷、回收盐类和罐头食品加工等方面，还可以用于家庭供暖、温室、家庭用热水等方面。

6. 海洋能

海洋能指在海水中存在的可再生能源，在海洋中存在着温度差、海流、波浪、潮汐和盐度梯度等各种形式的巨大能量，通过一系列物理过程接收、储存和释放得到的能量，如海流能、盐差能、潮汐能、海水温差能和波浪能等。

7. 核能

核能是通过转化其质量从原子核释放的能量，也被称为原子能，与阿尔伯特·爱因斯坦的方程 $E=mc^2$ 相符合，式中 E 表示能量，m 表示质量，c 表示光速常量。核能通过核裂变、核聚变和核衰变三种核反应释放能量出来。

8. 洁净煤

20 世纪 80 年代初期，"洁净煤"一词的提出是为了解决加拿大和美国两国边境的酸雨问题。洁净煤技术（Clean Coal Technology）是指使煤炭加工、燃烧、转化和污染控制等新技术得到提高，并且降低污染的技术的总称。这也是当今世界各国要解决环境问题主导技术之一，同时，这也是国际高科技竞争的一个十分关键的因素。中国从自身煤炭开采和利用的特点出发，并没有像外国一样把洁净煤技术重心集中在燃烧发电技术上，而是把洁净煤技术运用到从煤炭开采到利用的整个过程中。

二、清洁能源开发利用的现实意义

我国能源需求增长迅速，受资源储量、生态环境、开发条件等诸多因素的制约，我国常规化石能源的可持续供应能力难以满足国内日益增长的能源需求。风能、太阳能等清洁能源具有随机性和间歇性的特点，其大规模、基地式的开发方式，使我国风电等清洁能源在发展初期就面临技术和经济等复杂问题的挑战。煤炭开采地距离我国各大电子负荷中心较远，需大规模、长距离运输，从而加重了沿途地区环境污染。长期以来，我国煤炭直接外运在能源运输中占据绝对地位，煤炭就地转化为电力输送的比例过低。这是造成煤电运紧张问题反复出现的重要原因，严重影响了电力安全保障能力。

（一）改善国内能源消费结构

大力发展清洁能源可以增加能源供应、改善不合理的能源消费结构。我国人口众多导致能源消耗基数相对巨大，只有通过不断开发利用新能源的方式来开辟新的能源供应途径，并不断增加新型能源的供应量，才能从根本上保障能源供应，缓解能源供给压力。新型的清洁能源除具有清洁环保这个最典型的特征外，还可以降低对煤炭、石油运输的过分依赖，改善不合理的能源消费结构，从而保障国家能源安全。在全球性的石油危机频频出现后，发达国家通过实施能源多元化战略，积极促进可再生能源和新型能源的开发，降低石油在能源结构中的比重，这点对中国来说具有积极的借鉴意义。

（二）减少国内环境污染问题

大力发展清洁能源可以从根本上解决环境污染问题，降低能源使用对生态环境造成的破坏程度。由于我国的能源结构不合理，洁净和绿色能源所占比例太小。特别是作为主要能源的煤炭，在生产和消费过程中出现了严重的环境污染问题。煤炭在燃烧过程中排放出大量的烟尘，二氧化硫、氮氧化合物等有害物质会对人体和生物造成直接伤害，还会形成酸雨对环境造成进一步的伤害。以环保为典型特征的新型清洁能源指的是不产生污染物的可再生能源，其在消耗后可以得到恢复补充，如水能、太阳能、风能，海洋能和地热能等。这类清洁能源能够有效缓解环境压力，并从根本上解决能源在使用过程中造成的环境污染问题，有力保障国家能源安全。

三、发展清洁能源的对策与建议

（一）优化清洁能源与电力发展的布局

大规模发展清洁能源，必须优化电源结构与布局，在保障系统安全稳定运行的前提下，充分发展分布式电源，利用其他电源的调节能力来解决清洁能源大规模，发展带来的系统调峰问题。为了提高电力系统消纳清洁能源的能力，需在清洁能源外送的送端与受端地区统筹建设抽水蓄能、燃气发电等调峰电源设备，并合理配置各类调峰电源规模。发展蓄能电站，抽水蓄能电站具有调峰、调频、事故备用、黑启动等多种功能，且响应速度快，具有良好的负荷跟踪能力。抽水蓄能电站的发展规模和布局要充分考虑站址资源的分布及各区域电力供应结构的特点。为适应清洁能源的大规模开发，也需要在条件较好的地区加快建设抽水蓄能电站。

我国清洁能源资源分布与电力负荷中心分布不一致，随着清洁能源的大规模集中开发，需要加强配套电网建设，以扩大消纳范围和规模。为提高清洁能源发电的消纳能力，需要在送受端电网、跨省跨区电网等方面进行完善。加强送端电网建设，即加强能源资源富集地区的电网建设，把清洁能源资源大范围有效汇集起来，使得清洁能源发电的不稳定性得到降低，提高整个系统消纳清洁能源发电的能力。

（二）完善清洁能源的开发与发展机制

第一，应该加强对我国清洁能源发展的统筹规划，加强各个部门间的协同管理，进一步健全和完善与清洁能源发展相配套的政策支持和法律支持，从各个层面健全和完善清洁能源政策体系。

第二，加大对清洁能源的财政投入，建立资金保障机制。清洁能源是高投入项目，要想使清洁能源产业健康可持续发展，需要有强大的资金保障。通过加大对清洁能源的财政投入，可以促进相关技术研发和产业培育的进一步发展，提高我国清洁能源技术的跨越式发展，提高我国清洁能源产业的国际竞争力。

第三，建立健全有利于清洁能源发展的节能减排激励和考核机制。例如，对清洁能源产业和产品给予一定的税收优惠或者一定时期的税收减免，对自觉进行节能减排、促进能源效率提高的企业给予政策支持，如税收减免或优惠以及资金支持等。另外，通过征收环境保护税来抑制高耗能高污染企业的发展，设立全国范围内的统一能耗标准，限制高能耗产品的流通，对不按照相关标准执行的企业征收高税收或罚款，以此来刺激企业开发清洁能源并推广使用的积极主动性，通过各种税收政策和节能减排激励考核机制来达到能源节约和生态保护二者与经济发展共存的目的。

（三）发展清洁能源的开发利用技术

清洁能源技术的创新和推广已成为各个国家和地区共同关注的话题。

清洁能源技术的研发需要多方参与，并且需要在政府的大力支持下发挥多种政策规定的协同效应。在借鉴国内外先进技术和政府相关政策支持的基础上，统筹规划，建立清洁能源发展的协作机制，加大与发达国家和地区在先进技术方面的合作力度，同时，加强企业、高校、科研部门与政府部门的技术合作，加大对清洁能源技术研发的各项支持力度，给清洁能源的技术开发和技术推广提供便利条件，使清洁能源技术更加成熟，促进我国经济和环境的和谐发展。

通过技术创新来降低生产成本是清洁能源发展的关键，而降低生产成本的最佳途径就是技术创新，高耗能高污染企业应加快技术创新步伐。大力引进顶尖技术和管理人才，并实施适合清洁能源企业需要的人才培养工程，形成人才梯队，保证人才效能的发挥。只有加大投入力度、加强对清洁能源新技术的研发，我们才能获得拥有自主知识产权的清洁能源技术和产品，并形成内联外引与产学研结合的清洁能源技术创新与成果转化体系，从而形成在技术创新驱动下发展清洁能源的内在动力。

（四）加强清洁能源的推广宣传教育

如果清洁能源想得到健康的发展，就需要一个良好的社会氛围作为其基础。我国一方面要借助学校、媒体等介质来进行清洁能源发展必要性的大力宣传，另一方面要对相关能源企业或者能源部门的工作人员进行培训，让部门决策者或领导层对清洁能源能够有一个较为系统的认知，这样就会促使我国形成良好的清洁能源使用氛围，并促进其得到进一步的发展。

政府应从宏观和微观层面继续加大对清洁能源与生态环境保护的宣传力度，构建清洁低碳绿色的消费结构，让民众对清洁能源的相关知识有更深入和全面的了解，引导大众对清洁能源消费的认知，树立绿色消费观。政府要对从事清洁能源的相关行业和部门人员进行专业化培训，同时重视相关人才队伍建设，加快清洁能源的使用和推广，营造全民节能减排、绿色消费的社会氛围。除此之外，政府要加大有利于清洁能源发展的政策支持力度，提升全社会对清洁能源发展的重视和支持程度，使清洁能源发展能够走出一条科学化、合理化、系统化和可持续发展的道路。

第六章　发展绿色科技，促进经济低碳发展

第一节　绿色科技及其对低碳经济的意义

一、绿色科技的概念

（一）概念

绿色科技是 20 世纪 90 年代出现的一个新概念，其使用范围越来越广，特别是在 2000 年的世界工程技术会议上，它已经成为一个非常流行的名词。"绿色科技"这一名词虽然已经被社会各界普遍采用，但至今没有一个统一的定义。

"绿色科技"的提出同科技的"双刃性"有关，并且是同环境问题有关。当人类在充分享受工业文明伟大成果的时候，也不得不同时接受这一伟大成果的副产品——环境恶化，甚至是生态危机，这是自然对人类的惩罚。面对危机，人们开始反思，并在这样的积极反思中认识到科技在推动工业文明的过程中，也对人类生存与发展的环境造成了许多负面的影响，有的甚至是非常严重的影响。大气污染、臭氧层破坏、温室效应、水污染、白色污染、有毒化学品等，这些关系到人类生存与发展的重大环境问题大部分都直接或间接地和科技发展有关，尤其是和化学化工科技在生产中的应用有关，很多人因此将化学工业与环境污染直接联系在一起，认为化学是造成环境污染的罪魁祸首，凡有化学的地方就不可能有绿色。化学家们对此感到愤愤不平，当然这样的说法无论是对化学科技还是化学家来说，都是极不公平的。化学家们因此进行了大量的研究，1991 年，美国化学家特罗斯特（Barry M. Trost）在《科学》杂志上提出了"原子经济性"的概念；1992 年，荷兰有机化学家谢尔顿（Sheldon）提出了"E-因子"的概念，它们是"绿色科技"概念的雏形。后来人们在这两个概念的基础上，提出了"绿色化学"的基本概念。

绿色化学是指在整个化学反应和工艺过程中实现全程控制、清洁生产，从源头上制止污染物的生成，在通过化学转化获取新物质的过程中

实现"零排放"。绿色化学是更高层次的化学，它的主要特点是原子经济性，即在获取新物质的化学过程中充分利用每个原料原子，使化学从"粗放型"向"集约型"转变，既充分利用资源，又不产生污染，其核心思想是利用化学知识和技术从源头开始预防污染。绿色化学是绿色科技概念在化学领域的体现，基本上包括了绿色科技的最主要特点：资源节约与不对环境产生污染。但这一概念过于理想化，"零排放"的"原子经济"在现实生活中很难实现，缺乏指导社会实践的实用性，也使得人们对这一概念对生态环境的意义产生了怀疑。

绿色科技是一个相对的概念，它是随着社会的发展而不断变化的，具有一定的社会历史性。绿色科技是指在一定的历史条件下，以绿色意识为指导，有利于节约资源的消耗、减少环境的污染，促进社会、经济与自然环境协调发展的科学与工程技术。绿色科技包括了从清洁生产到末端治理的各种科学技术，既包括对环境污染的治理，生态实用技术、绿色生产工艺的设计技术，绿色产品、绿色新材料、新能源的开发等具体技术，又包括对环境与社会发展中重大问题的软科学研究。它是一种以减少或消除科技对环境和生态的消极影响、促进人类的持续生存和发展为目的，有利于人与自然共存共荣，既促进了社会经济发展又对生态环境无害的技术。

绿色科技是降低消耗、减少污染、改善生态，促进生态文明建设、实现人与自然和谐共生的新兴技术，包括节能环保、清洁生产、清洁能源、生态保护与修复、城乡绿色基础设施、生态农业等领域，涵盖产品设计、生产、消费、回收利用等环节的技术。绿色技术创新正成为全球新一轮工业革命和科技竞争的重要新兴领域。伴随着我国绿色低碳循环发展经济体系的建立健全，绿色技术创新日益成为绿色发展的重要动力，成为打好污染防治攻坚战、推进生态文明建设、推动高质量发展的重要支撑。

（二）绿色科技的内涵

对于绿色科技，我们可以从以下几个方面的特征来把握它的内涵。

（1）绿色科技是既有利于生态环境，又能促进社会经济发展的科技。从对绿色科技内涵的理解上来说，必须同时满足改善生态环境和促进经济发展的双重要求，二者缺一不可。有利于自然和环境，这是绿色科技的应有之义，是绿色科技区别于其他科技的必要内容。绿色科技是现代的科技，应用高新技术来解决经济与环境发展之间的矛盾，通过高科技的手段来协调经济与环境、人与自然之间的关系。

（2）绿色科技必须以绿色意识为指导。这是从开发和使用目标方面对绿色科技的要求。科技本身是中立的，只有以绿色意识为指导，才能发挥其绿色功用。如果新技术不以可持续发展的绿色意识为指导，那么就可能偏离绿色轨道。技术只有在绿色意识的指导下，服务于绿色事业，才能成为绿色科技。

（三）绿色科技的种类

绿色科技的范围非常广泛，有利于生产力、有利于资源节约和改善环境的技术都可以称之为绿色科技。广义的绿色科技分为清洁生产技术、环境治理技术、生态环境持续利用技术、节能技术、新能源技术等，它们构成了绿色经济发展的科技支撑体系。

1. 清洁生产技术

清洁生产技术能够减少在生产过程中的环境污染，降低原材料和能源消耗，实现低投入、高产出、低污染的新技术、新工艺和新的生产流程等目标。清洁生产技术着眼于企业的整个生产过程、产品的整个生命周期或整个产品链，尽可能降低生产过程对环境造成的污染，力求从源头上防止污染的产生，实现"增产减污"目标。采用清洁生产技术的生产模式比"先污染，后治理"的生产模式，其综合成本更低，生态效益更高。

清洁生产技术包括各种废气、废液、废渣的资源化技术及少废、无废生产技术；再生资源回收利用技术；共伴生矿产资源综合回收利用技术；洁净煤技术；CFC（氯氟烃）代用品技术；资源综合利用技术等。每一类清洁生产技术又可以继续细分，如国际上较为流行且技术较成熟的镀通孔的清洁生产技术就有：无甲醛化学镀铜法、炭黑法、石墨法、钯金属法、导电高分子法及高分子墨水法等。

目前，清洁生产技术的切入点已从单个企业延伸到整个工业园区，建立生态工业园区也可以看成是一种综合性的清洁生产技术的发展。

2. 环境治理技术

环境治理作为目前国内外减少污染最重要的手段，对保护环境起到了极为重要的作用。然而，随着工业化发展速度的加快，环境治理这种末端污染控制模式的弊端逐渐显露出来。第一，末端治理设施投资大、运行费用高，造成组织成本上升、经济效益下降；第二，末端环境治理存在污染物转移等问题，不能彻底解决环境污染；第三，末端环境治理不涉及生产资源利用，无法制止自然资源的浪费。就目前而言，虽然在末端进行环境治理具有一定的局限性，但仍是我们改善生态环境的主要手段。应用相对成熟的环境治理技术有：空气净化技术、污水处理技术、废弃物处理技术、噪声消除技术、城市卫生垃圾处理技术等。

（1）空气净化技术。目前较为常见的空气净化技术有：消烟除尘技术、粉煤灰清洁技术、排放物脱硫技术、低污染燃烧技术、排放过滤技术，排放控制技术、工业废气净化技术与设备、机动车尾气治理技术以及空气污染监测技术与设备等。

在我国，大气污染主要来自以二氧化硫为污染物的煤烟污染，大气污染物中二氧化硫总量的 90% 源自煤炭燃烧。目前，我国每年排放到大气中的二氧化硫约 2000 万吨，酸雨区域已达整个国土面积的 30%。二氧化硫污染已给国家造成了难以估量的经济损失，因此，减少二氧化硫的排放对我国生态环境保护和经济社会发展具有重要的意义。

（2）污水处理技术。污水处理技术主要有工业废水处理技术及循环利用技术，水质监测技术，有机污染处理技术，净化工程技术，江河湖泊清淤及污染治理技术，苦咸水淡化技术，膜技术与装置，滤材、滤料、水处理剂技术等。

（3）废物处理技术。废物处理技术主要有工业废物处理技术、废物热预处理技术、污物焚烧工厂技术、电吸尘技术、新型机械吸尘技术、有害有毒（化学、生物）废物的处理技术、城市废物垃圾处理技术、废物分类技术等。

（4）噪声与振动控制技术。噪声与振动控制技术是指测定、减轻、消除或控制的技术与设备，如汽车发动机除噪技术等。

（5）城市卫生垃圾处理技术。城市卫生垃圾处理技术主要包括：堆肥与生化处理、堆肥处理技术，对堆肥产品制复合肥、有机肥、生物菌肥等深加工工艺与技术，城市生活粪便（未进入城市生活污水管道系统的）进行浓缩、脱水、除臭等处理的技术，各类废旧电池的处理回收技术，各类塑料制品的再利用技术与设备，各类橡胶轮胎的回收、再处理技术，各类特定废弃物（如餐饮业、医院的废弃物等）处理技术，废弃物回收、储存、再循环、填埋技术，有害有毒废物的处理技术，城市垃圾处理技术，垃圾分类技术等。

3. 生态环境可持续利用技术

生态环境可持续利用技术是指那些能够促进生态环境可持续发展、实现自然资源循环利用的技术，如流域治理与利用技术、平原风沙区综合治理技术、生态保护和生态监测技术、生态农业技术、珍稀濒危物种保护和繁衍技术及各种资源可持续利用技术等。

4．节能技术

节能技术是指能够节约能源消耗的技术，包括工业锅炉窑炉的改造和节能技术，高效节能电光源、节能照明技术，节能型民用耗能器具技术，节能型空调、制冷技术，节能设备技术等。

5．新能源技术

新能源技术是指能够开发、储存、利用新能源的科学技术。目前，新能源技术主要有太阳能技术、核能技术、海洋能技术、风能技术、生物能技术、垃圾能技术、地热能技术、氢能技术等。

二、绿色技术对低碳经济发展的意义

绿色技术是促进传统经济向绿色经济转变的推动力，是绿色经济发展的强大支撑力量。

（一）绿色科技是低碳经济发展的动力与支撑

（1）绿色科技可以提高对现有资源的开采利用率，减少资源浪费。传统经济属于高投入、高产出的数量型增长，这种粗放式的增长是以大量消耗资源为代价的。传统经济模式下资源的不合理消耗主要表现在两个方面：一是对资源开发利用强度过大，导致后备资源不足，使供求矛盾突出；二是资源利用率不高，浪费现象严重。

如期实现碳达峰、碳中和的目标是立足中国经济社会高质量发展的必然选择。"双碳"目标的实现既需要重大技术创新突破，也有赖于经济社会发展的绿色转型。绿色低碳科技创新作为实现"双碳"目标的关键驱动力，不仅从技术层面为实现低碳、零碳、负碳提供实践方法，而且对绿色低碳产业的发展发挥着推动作用。绿色低碳产业是将绿色低碳技术研发转化为现实科技成果的重要载体，已经成为引领绿色经济发展的重要方向。绿色低碳科技创新是碳排放总量控制与经济社会发展现实困境的破解之道，也是新发展理念下低碳循环经济体系构建的关键抓手，以及促进生态文明建设和积极应对全球气候变化的必由之路。绿色低碳科技创新能够助推传统产业绿色低碳转型和壮大新兴产业，培育高质量发展新动能，对内增强产业链、供应链韧性，对外促进数字化、绿色化和产业化的深度融合，为实现"双碳"目标提供全方位支撑。

（2）推动产业绿色低碳转型。产业绿色低碳转型既有助于资源型企业摆脱资源消耗路径依赖，实现可持续发展，也有益于区域产业绿色、协调、可持续发展，突破"资源诅咒"的困境，还有利于统筹节能提效和减污降碳协同增效，有效推动"双碳"目标的实现。绿色低碳转型意味着产业发展不再依赖高耗能、高污染、高排放，而是将绿色低碳科技创新与产业转型升级相结合，推动发展方式由要素驱动向创新驱动转变，以产业绿色化驱动产业高质量发展。

绿色低碳科技创新对稳步推进产业绿色低碳转型至关重要。从微观层面上讲，绿色低碳科技创新贯穿企业生产全过程，推动绿色技术快速大规模应用和迭代升级，可以有提高资源利用效率，削减温室气体和污染物排放。中观层面涉及产品供给绿色化转型和绿色产业的快速发展，绿色低碳科技创新不但可以有效增加环保装备、低碳产品的供给，创新绿色服务和引导绿色消费，而且可以加强产业基础研究和完善产业技术创新体系，从而推动能源、工业、交通、建筑等传统行业的绿色低碳转型和新兴、高技术产业的快速发展。宏观层面则关系到经济社会发展的全面转型。绿色低碳科技创新不仅能够推进产业结构高端化、绿色化，而且能够加快能源消费低碳化，从而促进资源循环利用。

（3）增强产业链供应链韧性。增强产业链供应链韧性既是如期实现"双碳"目标下的战略机遇，也是畅通产业循环、构建现代产业体系、增强经济发展韧性的迫切需要，以及推动实体经济高质量发展和重塑我国工业竞争优势的关键举措。在国民经济体系中，相关行业之间互为产业链上下游，产业之间环环相扣，碳减排目标和压力通过供应链产业链传导至上下游企业，生产各环节的畅通有助于形成碳减排合力，加快形成绿色生产方式。深入实施绿色低碳科技创新，打通产供储销各环节存在的堵点和统筹供应链安全，延伸产业链和提升附加值，有助于增强产业链供应链的自主可控能力，解决关键领域的"卡脖子"问题，缓解资源约束和减污降碳之间的现实矛盾，有效畅通国民经济循环之路。

（4）"双碳"目标的如期实现不仅需要发挥绿色低碳科技创新的驱动作用，而且需要发挥其联动作用。进一步推动数字化和绿色化融合，实现绿色低碳科技创新的有效联动，不仅会成为助力实现"双碳"目标的有效途径，而且会为推进数据要素市场化配置创造契机。数字化和绿色化深度融合体现在三个方面。首先，大数据、人工智能、5G 等新兴技术与绿色低碳产业深度融合，助力能源企业实现数字化管理，降低用能成本和提升生产效率，促进传统产业智能化、清洁化改造，为构建清洁低碳、安全高效的能源体系提供技术支撑。其次，大数据、云计算、区块链技术的应用，有助于构建全生命周期的绿色低碳管理，形成供应端、物流端、数据端、消费端的低碳闭环管理，完善电力、工业、建筑、交通等重点碳排放领域的能源消费和碳排放的统计、监测制度体系，推动大数据在节能减排方面的共享和运用。最后，推进数据要素市场化配置，充分挖掘数据的创新价值，通过实时采集运行数据，实现能耗管理全程化、预测需求精准化目标。数据要素本身具备高效、清洁、低成本、可复制等特点，能够有效优化传统产业结构，优化创新生态系统，提高绿色发展效能。

（二）绿色科技促进环境保护和生态平衡

1. 环境治理的绿色技术的发展，可以提高治理效果

科技创新在促进经济发展的同时，也会带来环境污染问题。为了最大限度地保护环境，绿色科技创新应运而生。"如何利用技术创新减少、避免环境污染，实现人类的可持续发展"成为一个新的命题。绿色科技创新将"环境友好"作为创新过程中的重点，不仅要实现利润最大化目标，而且还要将环境问题纳入技术创新的决策中。绿色科技创新将经济发展与环境保护相结合，由追求经济效益的单一目标转变为追求经济效益和环境效益相统一的目标。绿水青山的存在需要绿色发展方式，常保绿水青山更需要科学的发展方式。科学的发展方式就是要依靠绿色科技创新，转变生产方式，提高资源利用效率，促进生产方式绿色化和经济结构优化升级，从而实现把绿水青山变成"金山银山"的目标。

绿色技术是绿色发展的基石，资金瓶颈是困扰绿色技术发展的问题。目前，中国中小型企业普遍存在融资难的问题，其专利研发经费以企业自有资金为主，对知识产权方面的投资很少，其主要原因包括：一是缺少绿色技术知识产权信息共享平台，投资者面临信息不对称问题，缺乏绿色技术投融资渠道；二是绿色专业人才缺乏；三是配套激励机制尚不健全，对绿色知识产权及绿色技术研发动力不足；四是对绿色技术的界定、标准化和认证亟待完善；五是在以绿色专利为代表的绿色知识产权创造、保护、运用、服务、地方协同、国际合作等方面，制度建设仍不够完善，工作链条尚未形成，相关工作存在较大的改进空间，尤其是针对那些真正的高价值绿色专利，国内需要建立能够使技术快速落地的市场转化机制，需要建立系统化的绿色知识

产权战略和绿色技术转移转化推进机制。

2. 绿色生产技术的发展，可以促进清洁生产

随着可持续发展思想的深入人心，人们已经认识到靠大量消耗资源和能源来推动经济增长的发展模式是产生环境问题的根源。依靠补救性的环境保护措施，是不能从根本上解决环境问题的，转变经济增长方式才是解决环境问题的根本途径。然而，传统经济增长模式的转变是以科技创新为支撑和动力的，绿色科技是推动绿色生产的动力，并且只有低成本的绿色科技才能有效地推动绿色经济的迅速发展。绿色科技虽好，但如果成本太高，也难以推广。如化肥和农药虽然会造成环境污染，但其成本低廉且增产效果明显，因而其应用很普及；而绿色肥料和防治病虫害新技术则由于性价比问题暂时难以得到普遍应用，这制约了绿色经济的发展。

绿色科技的进步有可能产生新的不再产生污染的生产工艺，也可能发明一种新的技术，将以前难以利用的废弃物变成新的产品，从而减少生产垃圾，增加资源的综合利用率，还可能会形成一种新的生产流程，使各个企业之间的废弃物与原料互为补充，形成一种循环经济新模式。

绿色生产技术是要从生产的源头开始遏制污染，将环保措施和环保技术布局到产品设计、生产、销售的整个过程中，最大限度降低工业生产过程和工业产品对环境的影响，促进绿色发展。

3. 绿色科技的发展，可以促进生态潜力的开发

科学技术是第一生产力，绿色科技创新是破解影响资源环境难题的根本之计，是推进生态文明建设的重要着力点。构建市场导向的绿色技术创新体系，就是要"发挥市场对技术研发方向、路线选择、要素价格、各类创新要素配置的导向作用，让市场真正在创新资源配置中起决定性作用"。要面向市场需求促进绿色科技研发，设计技术研究路线，推动绿色技术转化；充分发挥企业在绿色科技创新中的主体地位和作用，真正使企业成为绿色科技创新决策、研发投入、科研组织和成果转化的主体，加快培育形成一批具有国际竞争力的绿色创新型领军企业；完善推进绿色科技创新的体制机制和配套政策。政府要更好发挥作用，加大对绿色科技领域基础研究的投入，做好科技创新风险兜底，完善知识产权保护制度，保护企业创新权益；搭建科研院校与企业绿色科技交流平台，打通绿色科技从实验室到企业再到市场的梗阻；加快发展绿色金融，支持金融机构加大对绿色科技的投融资服务力度。

绿色技术的发展可以使我们在维持和保护生态环境的同时，最大限度地发展生态生产力，将潜在的生态发展潜力转化为实实在在的发展动力，促进绿色经济的发展。

三、绿色科技的发展现状

自 1992 年的联合国环境与发展大会以来，可持续发展的思想日益深入人心，世界各国都十分重视绿色科技的发展。据统计，当今世界直接以绿色科技为依托的环保产业的产值已达到 6000 亿美元，绿色科技经济的贡献率也在逐年增加。我国于 1973 年召开全国第一次环境保护会议以后，开始了对绿色科技的开发与研究。随着经济水平的提高，绿色科技成果逐渐增多，绿色科技对社会、经济和生态环境保护的作用越来越大。我国应当优先发展的绿色科学技术领域依次为：农业与食品技术、人口健康与环境保护和国防科学技术，前两项都与绿色科技直接相关。目前，我国的绿色科技发展还存在着许多不足，归纳如下。

一是绿色科技的整体水平不高。从总体上看，我国的绿色科技水平相对落后，跟世界先进水平还有一定的差距。这与我国社会经济的发展水平有关。在目前的绿色技术条件下，虽然通过政府的努力，我国生态被破坏的趋势得到了一定程度的控制，但仍有很多亟待解决的问题。

二是绿色科技的投入经费不足。在我国的统计数据中，没有"绿色科技经费"的分类，因此难以获得相关的数据。虽然现有统计体系中有"环保科研经费"的统计项目，但是其口径比"绿色科技经费"要小得多，无法体现出绿色科技经费开支的现状。虽然科技是第一生产力已成为社会各界的共识，但是由于各种客观因素的影响，我国企业在科技研发经费的绝对数量和相对数量上都非常薄弱，仅靠政府投入无法激发企业绿色技术开发与创新的热情。近年来，我国企业的科技研发经费投入虽有所提高，但与西方发达国家相比仍然还有一些差距。

三是绿色科技转化率低。我国科技成果转化率较低，阻碍了绿色科技促进经济发展作用的发挥。据统计，我国科研成果转化率仅有 30% ~ 40%，而欧美发达国家或地区则可达 70% ~ 80%。这是由多种因素造成的：①长期以来科技研究由政府出资规划，一些项目与企业的生产实践脱节，科研成果的适用性低。②缺乏合理的科研约束与激励机制。一方面，科研项目的考核形式化，不能对科研项目承担者形成应有的约束；另一方面，由于长期以来过分强调科研机构研究成果的产权归国家所有，影响了科研成果转化的积极性。当然现在的情况已经改变，科技部已经将承担单位设为科研项目成果的知识产权权利人，作为权利人可以充分享有自主权。③在技术引进上存在着重引进、轻开发、重新建、轻改造等现象，盲目引进项目而无法充分地吸收，国产化开发利用成效较低。

第二节 碳中和技术与低碳发展

一、碳中和的技术需求

相较其他国家来说，我国在减少碳排放方面比发达国家会面临更加严峻的挑战。除用清洁能源代替煤炭、石油等化石能源外，我国还要大力发展低碳或脱碳技术，在技术辅助下减少二氧化碳排放。

根据国家能源局公布的数据，2020年，我国二氧化碳排放总量约97.1亿吨，相比2019年减少了17.9亿吨，人均碳排放约6.9吨，虽然相比往年有所下降，但人均碳排放量仍居高位。虽然我国已提前完成碳减排目标，即比2005年减少碳排放40%～45%，但是碳排放总量依然较高，面临的减排压力也非常大。

导致我国碳排放压力大的原因有两点：

一是在我国的能源结构中，煤炭占比居高不下。据统计，在我国一次能源消费结构中，煤炭消费占比约为57%。我国碳中和目标实现时间短、难度大，快速深度减排需要提前做好技术储备。与发达国家相比，我国实现碳中和的时间更短，必须充分发挥科技的作用。根据规划，从2030年碳达峰到2060年碳中和只有30年时间，而发达国家从碳达峰到碳中和至少要用45年，甚至需要更长时间。为了如期实现碳中和，我国不但要在2030年之前实现碳达峰，而且要尽可能地降低峰值。碳达峰实现的时间越早、峰值越低，后期的减排压力越小，实现碳中和所用的时间就越短。

很多发达国家的经济发展已经与碳排放脱钩，我国还没能做到这一点。因此，在发展低碳经济、推动传统产业脱碳的同时，我国还要兼顾经济发展，处理好碳排放约束与社会经济发展需求之间的关系。为了缓解后期的减排压力，我国要提前对碳中和的实现路径进行部署，做好相关技术研发，利用先进技术实现高质量的碳达峰来满足快速减排需求。

二是现有减排技术供给不足，难以支撑我国实现碳中和目标。近年来，为推动节能减排和绿色低碳技术发展,我国出台了很多激励政策,推出了很多科技项目,加大了在低碳/脱碳相关技术领域的投入力度,并积极寻求国际合作,在关键技术领域取得了重大突破,在颠覆性技术超前理论研究方面也取得了不错的成果。然而仅依靠现有的低碳、零碳和负碳排放技术,我国将很难在 2060 年实现碳中和。

相关文献分析显示,在零碳及负碳排放关键技术领域,我国发表的论文数量仅次于美国,位居世界第二,但单篇论文被引频次只有美国的 1/3,在发文量排名前十的国家中位列倒数第一。为解决减排技术供给不足问题,我国要提前对技术研发领域的供给侧结构进行调整,明确碳中和对相关技术的需求,对相关技术布局进行优化。

二、碳中和技术与低碳发展

绿色发展和低碳发展具有目标和手段的统一性。绿色发展在一定程度上需要低碳发展,低碳发展支撑绿色发展。只有坚持低碳发展,才能真正实现绿色发展;绿色发展要以低碳发展为前提和先导。

实现碳达峰和碳中和目标,是我国重大战略决策,事关中华民族永续发展和人类命运共同体的构建。实践表明,实现碳达峰、碳中和既是一场硬仗,也是对我们党治国理政能力的一场大考。

党的十九大报告指出,必须树立和践行"绿水青山就是金山银山"的理念,坚持节约资源和保护环境的基本国策,像对待生命一样对待生态环境。《中华人民共和国国民经济和社会发展第十四个五年规划和 2035 年远景目标纲要》提出了"推动绿色发展,促进人与自然和谐共生的现代化"的新目标,描绘了新时代全面建设社会主义生态文明的新蓝图。为实现这个新目标和新蓝图,我们要坚持"绿水青山就是金山银山"的理念,坚持尊重、顺应和保护自然,坚持节约与保护优先,以自然恢复为主,切实守住自然生态安全防线,全面协调可持续发展,不断完善生态文明统筹协调机制,构建生态文明体系,促使经济社会发展全面实现绿色转型,建设人与自然和谐共生的现代化国家,从而全面开启绿色发展的新征程。

从现实情况看,仅通过减少对煤炭、石油等化石能源的使用来减少二氧化碳排放是不够的,很难实现碳达峰、碳中和的目标。为了实现"双碳"目标,我国必须从科技层面切入,鼓励碳减排等技术创新,明确绿色技术发展方向,重新规划技术布局。

首先,二氧化碳减排力度将大幅提升。"国家自主贡献"目标要求相对排放基准线的碳排量降低，想要实现碳中和，必须实现碳排放与碳汇相抵，对脱碳、零碳、负碳排放技术等的实施提出了要求。

其次，能源供给侧与消费侧将发生变革。一方面，工业、交通、建筑等能源消费部门要积极响应；另一方面，电力企业、燃料企业等能源供应企业要积极调整，创建负碳电力系统与零碳能源体系，利用先进技术对工业流程进行重塑，实现"近零排放"。

最后，经济社会发展既要保证能源资源安全、满足可持续发展目标，又要实现减排目标，因此，必须实现区域、行业和整体的系统优化与集成，对经济社会的发展模式进行调整。

科技创新既是实现碳中和目标的重要保障，又是促进经济低碳发展的关键。近年来，国家出台了很多应对气候变化的政策，政策中都着重提到了"科技创新"。为了响应党中央、国务院节能减排、实现碳中和的目标，地方政府与相关企业纷纷制定发展规划，拟定实现碳达峰与碳中和的各种路径，将碳中和相关科技创新作为实现碳中和目标及实现经济低碳发展的重要组成部分。

一是从短期看，如果要平衡经济发展与碳约束之间的矛盾就必须借助科技的力量。目前，我国正处于转变经济发展方式、优化经济发展结构、转换经济增长动力的关键时期，面临着结构性、体制性、周期性问题，这些问题的影响在短期内将持续深化。

与此同时，随着经济社会不断发展，工业化、城市化进程不断加快，能源资源的消耗持续增加，二氧化碳等温室气体的排放量也将持续增加。如果我国为了降低碳排放，在短期内大幅调整能源结构与产业结构，或者大幅降低能源供应量，那么就会对我国经济发展造成严重不良影响。为了在不影响经济发展的前提下实现碳中和，我国就必须将目光转向科技领域，通过科技创新提高可再生能源在能源结构中的占比，减少交通、建筑等重点行业的碳排放，提高能源利用效率，改善制造工艺，用天然气等相对清洁的能源替代煤炭、石油等高污染能源。

二是从中期看，经济低碳发展或者脱碳发展仍要依赖科技。在实现碳达峰、碳中和过程中，我国碳排放空间将会被大幅压缩，无法再走高消耗、高排放的传统工业化道路，只有依靠科技创新发展低碳经济、转变经济发展方式，才能实现碳中和目标。我国要转变经济发展方式，改变传统的产业布局，大力发展技术密集型低碳产业，对传统高碳产业进行升级改造。在技术的支持下，促使经济发展模式由要素驱动向创新驱动转变，利用科技创新推动产业结构转型升级，根据市场需求推进技术研发，推进应对气候变化与低碳科技协同创新，避免高碳产业锁定，从而推动经济实现低碳或脱碳发展。

三是从长期看，科技创新会直接影响我国在全球碳市场上的影响力与竞争力。为了应对气候变化，世界各国都在积极推进低碳转型，在此形势下，低碳核心技术的研发能力与储备、产业结构的绿色转型是判断一国核心竞争力的关键。目前，西方发达国家都在碳中和相关技术领域积极布局，并提高了全球贸易市场的准入门槛。例如，欧盟提出要在 2050 年实现碳中和，之后又将 2030 年的碳减排目标提高了 20％，即从比 1990 年减少 40％ 提升到 60％。

三、CCUS 技术助力低碳发展

（一）CCUS

面对全球气候变暖问题，国际能源署在《世界能源展望报告》中提出了三点建议：一是发展清洁能源，二是提高能效，三是碳捕集与封存。其中，碳捕集与封存被联合国政府间气候变化专门委员会（Intergovernmental Panel on Climate Change，简称 IPCC）视为应对气候变化的"终极武器"。IPCC 指出，如果不借助碳捕集与封存技术，仅凭借发展清洁能源与提高能效，人类将很难实现碳中和目标。

碳捕集与封存是指将大型发电厂所产生的二氧化碳收集起来，采用各种方法储存，以避免其排放到大气层中的一种技术。目前，这项技术在推广应用方面面临着很多挑战，包括成本高、地质埋存面临着较高的生态环境风险等。因此，近几年来，很多研究机构在努力探索二氧化碳封存和固定技术，试图引入新方法——CCUS（Carbon Capture Utilization and Storage，简称 CCUS，碳捕获、利用与封存）技术，实现更彻底、更高效的碳捕获与封存。

具体来看，CCUS 可以通过多种方式实现碳中和（见表 6-1 所示）。

表 6-1　CCUS 实现碳中和的四种方式

方式	具体措施
解决现有能源设施的碳排放问题	CCUS 可以对发电厂进行改造，减少碳排放。根据国际能源署估算，如果全球现有的能源设备不经过改造一直工作到"生命"结束，将会产生 6000 亿吨的碳排放。以煤炭行业为例，煤炭行业的碳排放在碳排放总量中的占比接近 1/3，全球 60％ 的煤炭设备到 2050 年之前将继续保持运行，其中大部分设备位于我国。这类行业想要实现碳减排、碳中和，利用 CCUS 是必行之路

攻克工业领域碳减排的核心技术手段	因为天然气以及化肥生产领域的碳捕获成本较低,所以这两个领域是CCUS应用的主要领域。在其他重工业生产领域,作为一种高效且性价比较高的碳减排技术,例如在水泥生产领域,CCUS是碳减排的唯一技术手段;在钢铁生产与化工领域,CCUS是性价比最高的一种碳减排手段。CCUS的应用深度仍须拓展
在二氧化碳和氢气的合成燃料领域有重要应用	国际能源署(IEA)将CCUS视为生产低碳氢气的两种主流方法中的一种。根据其关于人类社会可持续发展的设想,到2070年,全球氢气使用量将增加7倍,达到5.2亿吨。其中,水电解产生的氢气占比60%,剩下的40%来自CCUS。按照全球在2050年实现碳中和的设想,在未来几十年中,世界各国将持续加大在CCUS领域的投入力度,投资规模至少要在当前规划的基础上增加50%
从空气中捕获二氧化碳	根据国际能源署预测,实现碳中和之后,交通、工业等部门仍会产生碳排放,总量大约为29亿吨,这部分二氧化碳要通过碳捕集、封存与利用来抵消。目前,已经有一些CCUS设备投入使用,但因为成本太高,所以还需要进行改进

(二)CCUS 技术体系

CCUS 不是一项技术,而是一套技术组合,涵盖了从发电厂、化工企业等使用化石能源的工业设备中捕获含碳废气,并对含碳废气进行循环利用,或者使用安全的方法对捕获的二氧化碳进行永久封存的全过程。在整个技术组合中,对含碳气体进行压缩和运输是关键环节。CCUS技术应用的主要过程与环节(见表6-2所示)。

表6-2 CCUS 技术应用的主要过程与环节

环节		内容
捕集		将化工、电力、钢铁、水泥等行业在利用化石能源过程中产生的二氧化碳进行分离和富集的过程,可以分为纯氧燃烧捕集、燃烧前捕集和燃烧后捕集
运输		将捕集的二氧化碳运送到利用或封存地的过程,包括陆地或海底管道、船舶、铁路和公路等输送方式
利用与封存	地质利用	将二氧化碳注入地下,生产或者强化能源、资源开采过程,主要用于提高石油、地热、地层深部咸水、铀矿等资源采收率
	化工利用	以化学转化为主要手段,将二氧化碳和共反应物转化为目标产物,实现二氧化碳资源化利用的过程,不包括传统利用二氧化碳生成产品和产品在使用过程中重新释放二氧化碳的化学工业,如尿素生产等
	生物利用	以生物转化为主要手段,将二氧化碳用于生物质合成,主要产品有食品和饲料、生物肥料、化学品与生物燃料和气肥等
	地质封存	通过工程技术手段将捕集的二氧化碳储存到地质构造中,实现与大气长期隔绝的过程,主要划分为陆上或水层封存、海水咸水层封存、油气田封存等

1. 碳捕集技术

二氧化碳捕集技术可以分为三种类型，分别是燃烧前捕集、纯氧燃烧捕集和燃烧后捕集，划分依据是对燃料、氧化剂和燃烧产物采用的措施的不同（见表6-3所示）。

表6-3　碳捕集技术的三种类型

碳捕集技术的类型	具体应用
燃烧前捕集	燃烧前捕集的流程为：先对化石燃料进行气化处理，形成主要成分为氢气和一氧化碳的合成气；然后将一氧化碳转化为二氧化碳；最后将氢气和二氧化碳分离，完成对二氧化碳的收集。这项技术需要采用基于煤气化的联合发电装置（Integrated Gasification Combined Cycle，简称 IGCC），导致碳捕集的成本较高，使用该技术投产的项目减少
纯氧燃烧捕集	使用纯氧或者富氧对化石燃料进行燃烧，生成二氧化碳、水和一些惰性成分，然后通过低温闪蒸将二氧化碳提纯，提纯后单位容量内二氧化碳的浓度能够达到 80%~98%，使二氧化碳捕集率得到大幅提升
燃烧后捕集	燃烧前捕集与纯氧燃烧捕集对材料、操作环境都有较高的要求，因此这两项技术在现实生活中应用得比较少。相对而言，选择性较多、捕集率较高的燃烧后捕集技术的应用范围较广，并形成了三种比较常用的方法，分别是化学吸收法、膜分离法和物理吸附法。其中，化学吸收法的应用前景最广。在化学吸收中，胺类溶液凭借较好的吸收效果得到了广泛应用

目前，主要的碳捕获技术有两种，一种是化学吸收，另一种是物理隔离。化学吸收分为两个环节，首先使用可以吸收二氧化碳的化学溶剂捕获含有二氧化碳的气体，然后进行提纯，将纯净的二氧化碳分离出来。现阶段，化学吸收法主要在发电厂和工业领域的 CCUS 设施中得到广泛应用。物理隔离指的是利用活性炭、氧化铝、金属氧化物或沸石等物质吸收二氧化碳，然后通过对温度、压力进行调节将纯净的二氧化碳释放出来。目前，物理隔离法主要在天然气厂得到广泛应用。

除了上述两种方法，还有一些方法处在探索阶段，包括膜分离技术、钙循环技术、化学循环技术等，是碳捕获技术创新的重要方向。碳捕获的常用技术主要有五种（见表6-4所示）。

综上所述，碳捕获的方法有很多，最大的问题在于如何根据二氧化碳的浓度、操作压力、温度、气体流速、设备成本等选择合适的碳捕获技术与方案。随着相关技术不断创新，碳捕获的效率与水平将会大幅提升，成本将会大幅下降。

表 6-4 碳捕获的五种技术

技术	具体应用
化学吸收法	首先，使用可以吸收二氧化碳的化学溶剂捕获含有二氧化碳的气体；其次，进行提纯；最后，将纯净的二氧化碳分离出来
物理隔离法	利用活性炭、氧化铝、金属氧化物或沸石等物质吸收二氧化碳，然后通过对温度、压力进行调节将纯净的二氧化碳释放出来
膜分离技术	利用有机聚合膜的渗透选择性，从气体混合物中分离出二氧化碳，这是美国国家碳捕获中心、天然气技术协会、能源部能源技术实验室的研究重点，未来可能出现将多种膜分离技术用于捕获与分离二氧化碳上
钙循环技术	首先利用生石灰（CaO）作为吸附剂与二氧化碳发生反应形成碳酸钙（$CaCO_3$），然后对碳酸钙进行分解获得纯净的二氧化碳。因为生石灰可以循环利用，所以这种方法在钢铁、水泥等生产领域的应用潜力巨大
化学循环技术	利用金属氧化物捕捉二氧化碳，该技术在煤炭、天然气、石油等领域有广阔的应用空间

2. 碳利用和封存技术

目前，在碳利用和封存领域，地下封存、驱油和食品级利用是比较主流的应用方向。

（1）碳利用。借助 CCUS-EOR（Enhanced Oil Recovery，强化采油）技术，企业可以将捕集到的二氧化碳注入油井，让干枯油井重新发挥作用，能将二氧化碳永远储存到地下。这一技术通过降低原油黏度，增加原油内能，使原油的流动性得到大幅提升，同时增强了油层的压力。目前，在碳利用领域，利用二氧化碳制作化肥、食品级二氧化碳实现商业化利用等项目也已经比较成熟。

近年来，在碳利用领域，国外探索出了一些新方向。例如，荷兰和日本尝试将二氧化碳运输到园林用来强化植物生长，一些国家在二氧化碳制化肥、油田驱油、食品级应用等领域推出了很多示范项目，在二氧化碳制聚合物、二氧化碳甲烷化重整、二氧化碳加氢制甲醇、海藻培育、动力循环等领域积极探索其应用路径，在二氧化碳制碳纤维和乙酸等领域加强理论研究等。

目前，在我国，山西煤化所、大连化物所、中科院上海研究院、大连理工大学等机构对二氧化碳加氢制甲醇、二氧化碳加氢制异构烷烃、二氧化碳加氢制芳烃、二氧化碳甲烷化重整等碳利用方向进行了积极探索，大多数技术正处于理论研究或者中试阶段。

（2）碳封存。碳捕集完成后，要对其进行合理的封存。将二氧化碳泵送到地下或者海底进行长期存储，或者直接通过强化自然生物学作用在植物、土地和地下沉积物中存储。目前，碳封存技术主要包括两种类型（见

表 6-5 所示）。

表 6-5　碳封存技术

类型	具体应用
对二氧化碳进行高压液化处理，将其封存到海底	据研究，在海平面下 2.5 千米的位置及以下，二氧化碳会以液态的形式存在。因为二氧化碳的密度比海水的密度大，所以这个区域会被作为海洋碳封存的安全区
将二氧化碳封存到地下	在地下 0.8~1.0 千米的位置，超临界状态的二氧化碳会以流体的形式存在，可以将二氧化碳永久地封存在地下

根据现有的研究结果可见，北美、非洲、俄罗斯以及澳大利亚等地区和国家有很强的碳储存能力。未来，碳储存可能成为实现碳中和的关键。因此，目前碳储存技术创新的主要任务就是选择合适的碳储存场所，防止二氧化碳泄漏到大气中或者污染地下水，尽可能降低碳储存成本。

3. 二氧化碳运输与利用技术

目前，二氧化碳的主要运输方式首先是管道运输，其次是船舶运输。该领域技术创新的主要方向是对现有的油气管道进行评估与改造，以降低二氧化碳的运输成本，因为改造管道的成本要比新建管道的成本低很多。据国际能源署估算，改造管道的成本只有新建管道的 1%~10%。现有油气管道改造的难点在于提高管道的抗压能力，因为二氧化碳运输对压强的要求要比石油或天然气高很多，为了保证运输安全，必须通过技术创新解决这一问题。

二氧化碳不只是生成品，还是一种消费品，可以用在化肥生产、石油开采等领域。据统计，目前全球每年约消费 2.3 亿吨二氧化碳，其中化肥生产行业消费的二氧化碳最多，约为 1.3 亿吨/年，其次是石油与天然气行业，二氧化碳消费量为 7000 万~8000 万吨/年。为了实现碳中和，拓展碳利用途径也是一个不错的选择，具体分析如下：

（1）二氧化碳和氢气可以用来生成碳氢合成燃料，这一技术是碳利用技术创新的一个重要方向。冰岛的乔治奥拉工厂是全球最大的碳氢合成燃料生产厂，每年可以将 5600 吨二氧化碳转化为甲醇。

（2）二氧化碳取代化石燃料用于工业品生产。目前，德国科恩创公司尝试用二氧化碳取代化石燃料，每年可生产约 5000 吨的聚合物，可减少 20%的化石燃料的使用。

（3）用二氧化碳生产建筑材料。例如，在混凝土生产过程中用二氧化碳代替水，在生产过程中，二氧化碳与矿物质反应生成碳酸盐，可以使混凝土更加坚固。相较于传统建材，加入了二氧化碳的建材性能普遍会更好。

（三）推动我国 CCUS 产业发展的建议

在我国，预计到 2030 年，一次能源生产总量将达到 43 亿吨标准煤，二氧化碳排放量将达到 112 亿吨，CCUS 的应用市场非常广阔。以强化采油技术为例，我国约有 130 亿吨原油地质储量可以使用强化采油技术，将原油采收率提高 15%，使原油采储量增加 19.2 吨，同时封存 47 亿~55 亿吨的二氧化碳。

近年来，我国积极推进万吨级以上 CCUS 示范项目建设。例如，吉林油田强化采油项目的管道和驱油工程产油量就已经达到 50 万吨/年。在 2013 年之前，胜利油田强化采油项目就完成了百万吨级项目的预可行性研究，部分工程完成了可行性研究。

作为碳减排的重要技术，CCUS 有望减少化石能源大规模使用产生的碳排放，为我国碳减排、保障能源安全、实现可持续发展提供强有力的保障。随着 CCUS 示范项目越来越多，未来我国将会建成成本更低、能耗更低、安全性更高的 CCUS 技术体系和产业集群，以减少化石能源燃烧过程中的碳排放，为实现碳减排、碳中和目标提供强有力的技术支持。

1. 我国 CCS/CCUS 产业链的发展特点

为了在 2030 年实现碳达峰、2060 年实现碳中和，除减少化石能源使用外，我国要全面推进 CCS（Carbon Capture and Storage，简称 CCS，碳捕捉技术）项目建设。随着 CCS 项目越来越多，在世界新增 CCS 项目中的占比越来越高，我国将成为 CCS 项目强有力的推动者。在未来几年，我国 CCS/CCUS 产业发展将呈现出以下两大特点：

（1）电力行业加大碳捕集力度。在我国的碳排放结构中，火力发电产生的碳排放占比极大。对电力行业来说，发展 CCS/CCUS 技术是开展碳减排、实现净零排放的重要途径。2019 年，国家能源集团公司发布了 CCUS 技术路线及发展规划，明确了很多重点任务，包括持续推进鄂尔多斯二氧化碳地质储存示范工程研究，鼓励下属电厂积极推进二氧化碳捕集和封存全流程示范项目建设，积极拓展驱油、驱气、驱水、强化地热开采等方式，推进矿化利用、生物利用、化学合成、仿生利用等新型二氧化碳利用技术的研究与开发等。

（2）石油公司利用自身在勘探开发领域积累的技术优势持续推进 CCUS 项目。综观全球正在运行的 CCUS 项目，以强化采油形式运行的项目占比极大，包括我国胜利油田、中原油田、吉林油田、延长集团的 CCS 项目。

只有极少数项目是专用地质封存类型，这些项目大多分布在挪威、美国、加拿大及澳大利亚等国家。在二氧化碳封存方面，石油公司拥有显著的技术优势。未来，电力公司可以与石油公司加强合作，创建一个完整的CCS/CCUS 产业链。

2. 我国推动 CCUS 项目发展的对策建议

近年来，在一次能源结构中，非化石能源所占比重不断提升，能源供应的稳定性受到了广泛关注。在碳中和背景下，我国将形成"化石能源+CCS"的发展模式，并在这个过程中释放出很多机遇。为了抓住这些机遇实现更好的发展，中国石化、中国石油、中国海油等大型能源企业应该持续加大在 CCUS 项目中的投入力度，推动 CCUS 项目快速发展。推动 CCUS 项目发展的策略主要有三个方面（见表 6-6 所示）。

表 6-6　推动 CCUS 项目发展的三大对策

对策	具体内容
制定发展目标与相关规划	根据自身的实际情况制定 CCS/CCUS 业务中长期发展目标、发展规划以及重点工程计划，为公司实现碳达峰、碳中和绘制一条清晰的路径
推进 CCS/CCUS 技术研发，创建 CCS/CCUS 示范项目	立足于现有项目，在 CCS/CCUS 关键技术领域寻求突破，同时要合理选址、因地制宜，创建更多 CCS/CCUS 示范项目，完善在该领域的布局
探索成熟的投资模式与经营模式，推动 CCS/CCUS 业务市场化	中国石化、中国石油、中国海油等企业要创建 CCS/CCUS 战略联盟，加强与电力企业的合作，延伸 CCS/CCUS 产业链，不断提高二氧化碳捕集、封存及利用水平，在碳市场掌握主动

第七章　着力构建绿色交通体系，
促进经济健康发展

第一节　绿色交通与碳中和

一、绿色交通

绿色交通是一个全新的理念，它与解决环境污染问题的可持续性发展概念一脉相承。绿色交通强调的是城市交通的"绿色性"，提倡减少交通拥挤问题，减少环境污染，促进社会公平，合理利用资源。绿色交通本质上是建立维持城市可持续发展的交通体系，在满足人们交通出行需求的基础上，减少环境成本。

绿色交通理念是现代城市轨道交通网络规划的指导思想，政府要将绿色交通理念融入城市轨道交通网络规划的决策之中，明确城市的开发力度与交通容量、环境容量之间的关系，使土地使用和交通系统协调发展。绿色交通理念是通达有序、安全舒适、节能环保三个基本目标的协调统一。

从交通方式来看，绿色交通体系包括步行交通、自行车交通、常规公共交通和轨道交通。从交通工具上看，绿色交通工具包括各种低污染车辆和电气化交通工具。低污染车辆包括：双能源汽车、天然气汽车、电动汽车、氢动力车、太阳能汽车等；电气化交通工具包括：如无轨电车、有轨电车、轻轨、地铁等。

绿色交通的首要目的是减少交通拥挤问题、减少环境污染，具体体现在以下几个方面。

一是减少对个人机动车辆的使用，尤其是减少对高污染车辆的使用。

二是提倡步行、自行车出行以及乘坐公共交通出行。

三是提倡使用清洁干净的燃料和车辆等。

绿色交通定位在发展洁净、协调、可持续发展的交通系统上，其中的协调包括交通与环境（生态环境、心理环境）之间的协调、交通与未来发展之间的协调、交通与社会之间的协调。绿色交通要以人为本，在为人类提供安全、便捷的交通服务的基础上，最大限度减少能源消耗和资源浪费。

二、"双碳"理念下的绿色交通

（一）"双碳"理念对交通体系建设发展的推动

1. "双碳"理念推动新能源交通的发展

随着经济社会不断发展，人们收入水平不断提升，我国的机动车保有量不断增加，在未来一段时间内，交通运输行业的碳排放量将持续增加。交通运输行业是全球三大温室气体排放源之一，根据生态环境部发布的《中国移动源环境管理年报（2020）》的统计，2014 年，我国交通运输行业温室气体排放量约为 8.2 亿吨二氧化碳当量，其中，99% 是二氧化碳，甲烷和氧化亚氮分别占 0.2% 和 0.8%。

2021 年 5 月 10 日，公安部举行新闻发布会，相关负责人表示我国机动车保有量达到了 3.8 亿辆，2021 年第一季度新注册登记机动车 996 万辆，创同期历史新高。根据国务院办公厅发布的《新能源汽车产业发展规划（2021－2035 年）》，到 2025 年，我国新能源汽车的市场占有率要达到 20%。这表示，即便我国大力推广新能源汽车，在汽车市场上，传统燃油汽车的主体地位在未来很长时间内也不会发生改变。

因为交通行业既包括制造业又包括服务业，所以交通行业的碳排放与国家经济结构、产业布局、能源结构、运输周转量等外界因素有紧密的关系，碳排放结构异常复杂。另外，因为很多交通工具需要跨区域行驶，所以碳排放具有流动性，加大了排放管理的难度。

在交通行业的碳排放结构中，道路交通碳排放约占总排放量的 75%。为了推动交通行业碳减排工作的开展，我国一方面要大力推广新能源汽车，全面推进交通工具电气化；另一方面要尽量减少传统燃油车的能耗，用清洁能源代替传统燃油，以减少汽车行驶过程中的碳排放量。

根据《节能与新能源汽车技术路线图 2.0》的要求，到 2025 年，传统能源汽车的能耗要降至 4.8 升/百公里，货车、客车的油耗要比 2019 年降低 8%～15%，混合动力汽车的油耗要降至 4.5 升/百公里。

在交通运输行业的碳减排中，新技术将发挥重要作用。根据世界汽车协会的报告，汽车轻量化技术与节能效果呈线性关系，汽车的轻量化率每提升 10%，就能减少 6%～8% 的能源消耗，并且车辆轻量化可以稳定节能效果，从而实现持续节能的目标。

以德国为例，德国从 20 世纪 90 年代开始推动重碳经济脱碳化。到 2017 年，德国碳排放总量相较 1990 年减少了 1/3，只有交通行业的碳排放量不降反升。我国的经济结构与德国类似，在实现碳中和的过程中必然会面临这一问题。因此，对我国来说，想要如期实现碳中和，就必须提前对交通行业进行统筹布局，推动交通行业实现深度脱碳目标。

根据 2021 年 2 月国务院印发的《国家综合立体交通网规划纲要》要求，到 2035 年，我国交通领域的二氧化碳排放量相较 2020 年要有明显下降，并且要尽早实现碳达峰的目标。交通行业的碳排放方式多样且结构复杂，统计非常困难，因此找对切入点非常重要。在交通行业的各个部门中，道路交通部门的碳减排潜力最大。

根据《中华人民共和国气候变化第二次两年更新报告》，2019 年，我国道路交通的碳排放在交通运输总体碳排放中的占比达到 84.1%。在货运方面，全球平均货运能耗为 37%，我国货运能耗超过 50%，高于国际平均水平，减排潜力很大。在客运方面，小汽车和摩托车的能耗占比为 48%，公共交通的能耗占比只有 4%，自行车、电动车等出行方式的能耗可以忽略不计。

对新能源汽车来说，碳中和目标的提出为其带来了良好的发展机遇，但同时也带来了一定的挑战。在碳中和背景下，汽车行业不仅要致力于实现自身的碳减排，而且要通过新能源汽车的推广应用带动整个能源行业实现碳减排。

2020 年 2 月，英国宣布从 2040 年开始禁售汽油、柴油驱动的小汽车以及货车，到 11 月，英国政府又将禁售燃油车的时间提前了 10 年，定在 2030年。除英国外，全球还有 11 个国家明确了禁售燃油车的时间，例如，挪威拟从 2025 年开始禁售燃油车，丹麦、冰岛、爱尔兰等国家拟从 2030 年开始禁售燃油车。在此形势下，我国势必会加快新能源汽车的发展。

新能源是交通运输行业实现净零排放的关键。一方面，风电、光伏等新能源电力可以直接用于汽车电池的充放电；另一方面，动力电池和氢燃料电池可以作为储能方式推动新能源发展。除扩大新能源汽车的市场份额外，交通行业的碳减排还需要依靠政策支持，推动城市交通尽快实现电动化，有条件的地区可以开展全面电动化的试点。为了保证城市交通全面电动化，各城市不但要完善相关基础设施建设，而且要强化电网保障。

2. "双碳"理念促进城市交通体系改革

近年来，我国各大城市都在大力推行绿色低碳的出行模式，但城市交通的碳排放量依然在持续增加。以北京为例，"十二五"期间，城市交通碳排放的年增长率约为 6%。"十三五"期间，北京虽然大力发展公共交通，全面推广新能源汽车，改善自行车、步行等出行环境，但也只是将城市交通碳排放的年均增长率降到 4% 左右。由此可见，如果我国的城市交通系统没有重大的结构性改革，不仅无法实现碳中和，而且很难实现碳达峰。

为了实现"双碳"目标，我国城市交通必须从能源、交通、科技三个方面推动创新改革（如图 7-1 所示）。

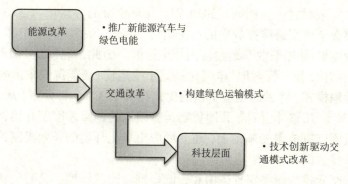

图 7-1　交通行业创新改革的三大层面

（1）在能源方面。随着社会不断发展，人们的生活水平不断提升，我国机动车保有量连年攀升，到 2020 年底已经达到 3.7 亿辆，其中，新能源汽车只有 492 万辆，电动化率只有 1.3%。在北京、上海等城市，虽然新能源汽车的保有量已经超过 40 万辆，但电动化率也只有 6%~7%，传统燃油机动车的占比仍超过 90%。我国城市交通排放如果要实现碳中和，就必须改变机动车的能源结构，大力推广新能源汽车，将机动车的电动化率提升至 50% 以上，甚至要超过 90%。新能源汽车数量的增长必然对交通电能提出更多的需求，这就要求整个城市的能源供应体系随之调整。

例如，北京机动车全面实现电动化，对电能的需求将增加 16 倍，届时，绿色电能的比例、电网容量、充电设备规模都要大幅提升。只有绿色电能与新能源汽车相互配合，城市交通排放才能真正实现零排放。

（2）在客运方面。私人汽车每人每公里的碳排放量是地面公交的 5 倍，是轨道交通的 9 倍。因此，降低私人汽车的出行量可以有效降低城市客运系统的碳排放。目前，有两种方法可以降低私人汽车的出行量：第一，鼓励人们在选择出行方式时放弃私人汽车，选择碳排放量较低的公共交通和零排放的慢行交通；第二，构建紧凑型城市生活生态，弱化日常出行对私人汽车的依赖。

如果要让人们在选择出行方式时放弃私人汽车而选择绿色出行方式，就不仅要积极创建绿色出行网络，加强路权保障，而且要全面提升人们绿色出行一体化及无断链服务的体验。除此之外，以公共交通为导向的土地开发模式也需要引起关注，因为国家对轨道周边的用地性质和开发范围有严格限制，所以导致这一模式至今尚未取得实质性进展。为了解决这一问题，我国亟待推动土地利用政策与相关法律法规的重大改革。

（3）在货运方面。陆地货运的主力依然是汽/柴油车，是城市交通碳排放的主要来源之一。例如，2020年，北京全市的货运量为2.63亿吨，其碳排放在全市交通碳排放中的占比约为20%。为了实现碳中和的目标，货运行业也要从汽/柴油车运输转向轨道运输。为此，北京从2018年开始调整运输结构，初步探索出"电气化铁路干线运输+新能源汽车市内短驳"的绿色运输模式，将铁路运输货物的比例提升了3.3个百分点（从6.4%提升至9.7%）。从整体上看，我国货物运输结构的调整才刚刚开始，接下来就要在巩固已有成果的基础上，建立顺应市场化环境的长效机制，尽快实现货运零排放的目标。

城市交通排放想要实现碳中和，既要推动能源转型，又要创新交通运输模式。纵观机动车的发展历史，新模式的出现必然离不开科技的发展与进步，新能源技术与新能源汽车就是其中的例子。

目前，全球正在经历新一轮科技革命，涌现出一系列新兴技术，如大数据、人工智能、区块链等。随着这些技术在交通领域的深入应用，城市交通呈现出了显著变化，如MaaS（Mobility as a Service，出行即服务）的出现让人们享受到一体化的出行体验；自动驾驶、预约出行在很大程度上缓解了交通拥堵问题，为"不堵车"交通系统的创建提供了无限可能。未来，随着城市交通领域出现的新技术、新模式越来越多，我们在提高交通系统运行效率的同时，还要大幅减少碳排放，从而推动城市交通领域的碳中和目标尽快实现。

（二）"双碳"理念下的交通发展规划

目前，人们常说的清洁能源主要指风能、太阳能、光能等，这些能源可以直接被应用于电力、工业等领域。但如果要在交通领域应用这些能源，就必须将其转化成可以存储、运输的"绿色燃料"，从而实现减少二氧化碳排放乃至零排放的目标。

交通行业包括四种不同的交通方式，分别是道路、铁路、航空和船运，每种交通方式都会对"绿色燃料"提出不同的要求。随着电力基础设施不断完善，电池、充电桩等技术快速发展，电能在道路、铁路这两种交通方式中得到了广泛应用。因为动力电池的体积、重量都很大，不适合在航空、船运中应用，所以这两种交通方式不得不寻找其他的清洁能源代替方案，如氢能、氨气和生物质等新能源。

鉴于此，为了响应"2060年实现碳中和"的目标，交通行业将根据不同交通方式的特点选用不同的清洁能源，例如，以道路交通为主的小型、轻型交通和铁路将采用动力电池，远程航空将采用生物质能源，以实现零碳排放目标。具体来看，我国交通行业的碳中和目标需要通过短期、中期、长期三个阶段来实现（如图7-2所示）。

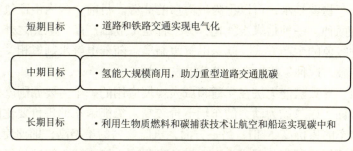

图7-2　交通行业碳中和的阶段性目标

1. 短期目标

在现有的几种清洁交通方案中，交通电气化的实现难度最小、成本最低、能量转化效率最高。过去几年，随着动力电池技术的快速发展，交通电气化的覆盖范围越来越广，覆盖了铁路、轻型机动车、小型船舶甚至飞机等众多领域。基于我国公路、铁路巨大的出行量，2060年我国公路、铁路实现电气化之后，电能消耗量将会超过2万亿度，相当于燃烧2.68亿吨标准煤的化石燃料，其能耗在交通部门总能耗中的占比将达到50%。由此可见，我国交通行业如果要在短期内减少碳排放、实现零排放，那么，促使道路交通实现电气化是关键。道路和铁路交通电气化目标的实现需要政策、技术、市场、基础设施相互配合采取有效措施（见表7-1所示）。

表7-1　道路和铁路交通实现电气化的三大措施

切入点	具体措施
政策层面	一方面，相关部门要围绕燃油车的退出制定中长期的时间表，结合新能源汽车产业规划，推动整个产业实现转型发展；另一方面，相关部门要提高燃油汽车的油耗和排放标准，辅之以路权政策，提高电动汽车的市场竞争力，扩大电动汽车在汽车市场所占份额
技术层面	相关企业与研究机构要设置更严格的技术标准，创建产业支持基金，大力研发电池技术，力争在该技术领域取得重大突破，同时要优化整车技术，推动行业技术创新

市场和基础设施层面	相关企业要全面建设充电基础设施,扩大充电基础设施的覆盖范围,专门针对新能源汽车创建车辆运营维护服务体系,降低用车成本,大幅提高新能源汽车在现有汽车中的比例

2. 中期目标

电池的能量密度相对较低,无法在重型道路交通领域应用,这些领域的节能减排、深度脱碳只能寄希望于氢能等能量密度更大的燃料。氢能燃烧的唯一产物就是水,可以称为最清洁的能源。目前,国内生产氢能的方式主要有两种,一种是煤炭气化,另一种是工业副产品。除此之外,氢能还有一种绿色的生产方式,就是电解水制氢。随着电解水制氢相关技术取得重大突破,这种氢能生产方式必将成为主流。

目前,导致氢能无法在交通领域大规模应用的一个主要原因就是成本高。一方面,以氢能为动力的车辆造价较高,氢能卡车的售价要比同等级的燃油卡车的售价高 5 倍;另一方面,氢能燃料的价格高,即便使用成本最低的化石燃料制氢,其成本也比燃油高很多。解决这一问题最好的方式就是技术创新。

未来,随着氢燃料电池技术取得重大突破,规模效应逐渐增强,以氢能为动力的车辆造价会有所下降。同时,随着氢能储备、运输等相关技术与基础设施不断完善,氢能的使用成本也会不断下降,最终在重型交通领域,氢能有望全面替代传统燃油。但从目前的情况看,降低氢能的生产或者以氢能为动力的车辆造价,让氢能应用实现商业化,还需要很长一段时间。这也就意味着重型道路交通依靠氢能实现深度脱碳还需要很长时间。

我国氢能产业的发展目标是 2040 年左右实现大规模商用,为了实现这一目标,需要加快技术研究,尽快在关键技术领域取得突破。因为我国氢能产业市场广阔、政府支持力度大,所以我国对氢能技术的研发工作具有显著优势。

在政策方面,国务院办公厅印发《新能源汽车产业发展规划(2021—2035 年)》明确表示,"中国将大力发展氢燃料电池以及氢能储运技术";工信部印发的《节能与新能源汽车技术路线图 2.0》提出,"2025 年,我国氢燃料电池车要达到 5 万辆;2030 年,氢燃料电池车要达到 100 万辆";财政部等五部门联合印发的《关于启动燃料电池汽车示范应用工作的通知》明确表示,将通过"以奖代补"的方式对燃料电池汽车产业的发展给予支持。

3. 长期目标

随着道路、铁路实现电气化以及氢能在重型道路交通领域内得到广泛应用，我国交通行业的清洁能源利用问题将得到有效解决。落基山研究所预测，到 2060 年，电气化与氢气可以满足我国交通行业 80% 的能耗，剩下的 20% 主要源自大型航空和远洋船运。因为这两种交通方式对能源种类与能量密度的要求较高，无法使用一般的清洁能源作为动力源，在目前的技术条件下唯一可行的办法就是使用生物质燃料。

生物质燃料是利用可再生生物质生产的燃料，能源形式与热值和化石燃料几乎相同。目前，由于技术限制，生物质燃料的产量有限，在很大程度上制约了其在大型航空和远洋船运领域中的应用。目前，第一代生物质燃料的主要原料是粮食作物与食物残渣，产量较小；第二代生物质燃料的主要原料是秸秆、落木等物质，尚处于研究阶段，还不能真正应用。根据中国可利用的生物质总量估计，到 2060 年，生物质燃料可以为交通行业提供相当于 3000 万吨标准煤的燃料，约可以满足其 5% 的需求。

从目前可以利用的清洁能源看，到 2060 年，交通行业完全有能力使用清洁能源 100% 替代化石燃料，但从技术与成本方面看，让清洁能源 100% 替代化石燃料的经济性、可行性并不是很高。更经济可行的方案是，让清洁能源替代 85% 的化石燃料，所产生的 15% 的交通能耗则通过碳汇或碳捕捉与封存技术完成碳中和。

（三）道路交通净零排放的目标实现

城市交通碳排放主要源自两个方面：第一，使用不可再生能源生产电能所产生的碳排放量；第二，燃烧汽油、柴油等传统能源所产生的碳排放量。例如，北京城市交通系统每年的碳排放量超过千万吨，其中，汽油、柴油等传统能源燃烧产生的碳排放量占比 92%，轨道交通、新能源汽车等用电产生的碳排放量占比 8%。

从全球视角看，新冠肺炎疫情对世界各国的经济造成了巨大冲击，为了在疫情之后尽快实现经济复苏，欧美等发达国家和地区将关注点放到了交通运输行业的脱碳化上。

欧盟发布的《欧洲绿色协议》指出，要进一步提升铁路货运与内河航运的运力，大力发展智能网联汽车产业，构建智慧交通系统，积极推进新能源汽车充电基础设施建设等，通过这些措施加大在绿色交通基础设施领域的投资力度。

美国拜登政府发布的"救助美国计划"也涉及了交通行业，提出加大在城际轨道交通建设领域的投资力度、维持公共交通正常运营、加速新能源汽车产业发展、推广充电基础设施建设、发展自动驾驶汽车产业等一系列措施。

近年来，为了应对气候变化，实现碳达峰、碳中和的目标，我国围绕道路交通行业出台了一系列政策。同时，随着互联网、物联网、人工智能、大数据等新兴技术不断发展，道路交通行业进入难得一遇的技术变革期。在各种新兴技术的支持下，新能源汽车飞速发展，共享单车、自动驾驶等绿色出行方式逐渐成为新的潮流，为交通领域的碳减排作出了重要贡献。

我国道路交通行业如果要真正实现碳中和，就必须在30年内将碳排放从峰值降至零。为了做到这一点，我国道路交通行业必将经历一场大刀阔斧的改革，例如，全面调整货运结构、探索低成本的减排技术、大力发展氢燃料电池重型货车等。

针对我国道路交通行业的碳减排目标，世界资源研究所在2019年发布的《中国道路交通2050年"净零"排放路径研究》中提出四大策略（见表7-2所示）。

表7-2　《中国道路交通2050年"净零"排放路径》的四大策略

序号	具体策略
1	转变交通运输方式，将道路交通领域的碳排放减少35%，具体包括：发展多式联运，形成"公转铁、公转水"和多式联运的新货运模式；推广绿色出行，加大对公共交通的路权保障；利用车联网与数字道路基础设施，对城市道路的功能空间进行合理分配，规划自行车与步行区，大力推广这种零碳排放的出行方式
2	发展绿色能源，促使车辆燃烧实现脱碳化，将道路交通领域的碳排放减少35%，具体措施包括大力发展新能源汽车，加速车辆电动化，用低碳燃料代替传统的柴油、汽油，鼓励城市物流与城际货运领域的车辆实现电动化
3	减少车辆行驶里程，将道路交通领域的碳排放减少35%，具体措施包括创建基于"碳价"的道路交通客、货运收费机制，建立碳价入费机制，在各地区规划建设零排放区试点，创建交通碳中和市场化机制
4	通过建设清洁电网、发展可再生能源等方式，将道路交通领域的碳排放减少18%，实现零排放目标

第二节　构建现代绿色交通体系

一、交通与出行的绿色变革

发展"绿色交通"已经成为世界各国的共识，是解决日益严峻的城市交通问题、促进城市可持续发展、建设生态文明的重要举措。在中国特色社会主义建设新时期，习近平总书记多次强调，要把生态文明建设摆在全局工作的突出位置，要平衡处理好经济社会发展与生态环境保护之间的关系，让良好的生态环境成为人民品质生活和经济社会持续健康发展的支撑点。通过构建环境友好型的发展模式，这些提法为我国绿色交通的发展明确了方向。

交通运输是支撑整个国民经济发展的基础性、先导性、战略性产业，也是满足人民日益增长的美好生活需要的重要一环。不过，交通运输业同样也是消耗能源、排放温室气体的主要行业之一，面临着日益严峻的资源环境压力，需要探索新的发展理念、模式和路径。

（一）我国绿色交通建设取得的成就

绿色交通已经成为全球范围内城市交通网络建设的必然趋势。我国城市交通发展要积极融入绿色交通理念，将其作为建设生态文明、实现绿色可持续发展的重要方向。近几年，从中央到地方的各级交通部门出台了一系列鼓励城市交通运输向绿色低碳转型的法律法规、政策规划和标准，有力推动了集约高效、良性可持续的现代综合交通运输网络的建立与完善，令我国绿色交通发展取得了显著成效（见表 7-3 所示）。

表 7-3　我国绿色交通发展取得的五大成效

序号	发展成效
1	绿色交通基础设施基本建成，综合交通运输网络的总里程突破了 500 万公里
2	交通运输装备逐步向专业化、标准化、大型化、绿色化迭代升级
3	绿色、高效、多元的交通运输网络系统逐步成形并不断完善。2021 年，全国 36 个中心城市完成公共交通客运量 529.5 亿人次，不同交通运输方式高效对接的多式联运模式发展迅猛
4	大数据、云计算、移动互联网、物联网等新一代信息技术不断被应用到交通运输领域，提高了绿色交通发展的创新能力，交通运输业在节能减排、低碳化发展、高效运行等方面取得显著成果
5	交通运输国内国外统筹发展初见成效：与其他国家或地区的绿色交通合作不断深化，中欧班列的开通密切了亚欧大陆之间的联系，促成了国际航空减排决议，逐渐在世界上树立起我国交通运输业走绿色、低碳、环保、可持续发展道路的良好形象

（二）我国绿色交通体系建设任重道远

虽然我国的绿色交通建设取得了一定的成绩，但与国外成熟的绿色交通体系相比还有不小差距，无法满足人民群众日益增长的交通出行服务方面更多、更高质量的诉求。因此，我国绿色交通体系建设任重道远，主要有以下三个方面的问题：

147

（1）从整体上看，国内的交通运输业还没有完全树立起绿色交通的发展理念，政府需要加快建立并不断强化自觉参与、有力支持、有效维护绿色交通发展的行业氛围，真正使绿色交通成为交通运输业相关主体的指导理念和实践目标。

（2）尚未建立起比较完善的、能有效促进交通运输业发展方式转变和动能转换的法规政策和标准体系。行业监管缺位使我国交通运输业的发展方式仍然是依靠增加资源投入的粗放型模式，没能从根本上转变发展方式，实现动能转换。

（3）在具体发展措施方面，我国交通基础设施建设的资源环境瓶颈日益凸显，运输结构不合理，高效的多式联运方式尚未成熟，交通运输装备的绿色化水平仍有待提高。

（三）践行绿色理念，推动交通运输可持续发展

绿色交通与环境保护、可持续发展理念一脉相承，这是一种全新的交通发展理念，能够以最小的社会成本实现最高的交通运输效率，有助于解决交通拥堵、资源能源利用率低、环境污染严重等各种难题，推动交通运输行业实现绿色、低碳化和可持续发展。因此，新时代我国交通运输业的发展必须践行绿色发展理念，实现绿色转型。

（1）一方面要不断增强交通运输行业从业人员的节能环保意识和技能，另一方面要通过多种手段培育、鼓励社会公众采取绿色出行方式，形成全社会共同参与绿色交通建设的良好氛围。

（2）加强交通运输国际产业产能合作，积极学习借鉴发达国家绿色交通发展方面的成功经验和模式，同时也向其他国家讲述中国的绿色交通故事，为世界绿色交通产业的发展贡献"中国智慧"和"中国力量"。

（3）不断提高我国在交通运输国际组织中的话语权，为我国的绿色交通发展营造良好的国际环境，并切实促进世界交通行业的可持续发展。

二、打造现代绿色交通运输体系

"十四五"时期是完善交通运输基础设施建设、提高交通出行服务水平、实现交通运输行业发展方式转型和动能转换的关键期，政府要以"创新、协调、绿色、开放、共享"五大发展理念为指引，加快建设安全、便捷、经济、舒适、高效、绿色的现代综合交通运输体系，充分满足社会经

济发展和人民日益增长的交通出行服务需求。

对此，我国要以绿色交通为基本理念和实践目标，围绕降低交通运输能源消耗、减少碳排放总量这一核心要求，不断优化结构、创新科技、提升能力，从多角度综合施策，构建综合发展体系，加快实现交通运输行业的"绿色性"目标。

（一）推进交通运输业供给侧结构性改革

从供给端看，我国应采取三大策略推进交通运输业的供给侧结构性改革，从根本上增加交通运输领域的有效供给，提高优质供给能力（见表7-4所示）。

表7-4　推进交通运输业供给侧结构性改革的三大策略

序号	具体策略
1	在顶层战略规划方面，处理好交通基础设施建设、日益增长的运输和出行服务需求与有限的资源能源和环境承载力之间的关系，推动交通运输业向资源节约型、环境友好型方向发展
2	加快促进交通运输业发展方式转型和动能转换，大力培育、鼓励、扶持绿色交通发展新动力和新业态，通过对理念、技术、体制机制与管理服务等多方面的创新改革，深度挖掘我国交通运输行业的绿色发展潜能
3	以绿色交通为目标，坚持问题导向，聚焦绿色交通建设短板，深化行业改革，打破制约绿色交通发展的瓶颈，通过供给侧结构性改革不断提高我国绿色交通的有效供给能力和供给质量
4	通过交通线路和枢纽设施的统筹规划布局，实现土地、线位、桥位、岸线等资源的优化配置，提高资源利用效率；着重建设"十纵十横"综合交通运输大通道网络，形成交通基础设施横贯东西、纵贯南北、内畅外通的格局；拓展交通基础服务网的覆盖范围，提高普通干路网的运行效率，积极构建更多高品质的快速交通网，不断提高我国交通运输行业的供给质量和效率

（二）提高运输服务效率和质量

绿色交通是一种高效高质的交通运输形态，我国应从以下三点发力，不断提高交通运输服务的效率和质量（见表7-5所示）。

表7-5　提高交通运输服务效率和质量的三大策略

序号	具体策略
1	不断优化交通运输结构，大力发展铁路、水路运输和城市公共交通，完善航空和公路运输，加快推进交通运输业的结构性减排，充分发挥不同交通运输方式的比较优势，构建"宜陆则陆、宜水则水、宜空则空"的运输模式，大幅提高交通运输效率
2	加快建立和完善多式联运、甩挂运输、共同配送等高效运输形式，充分发挥综合运输形式中各运输方式的比较优势，获得最大组合运输效益，实现绿色货运目标

3	打造绿色客运，推动不同运输方式高效对接与深度融合，实现居民出行"零换乘"；加快落地公交优先的交通发展战略，不断提高公交出行分担率；建立城市慢行交通系统，在有条件的地区实施农村客运班线的公交化改造，让绿色交通发展成果惠及更多民众

持续优化调整运输结构。加快推进港口集疏运铁路、物流园区及大型工矿企业铁路专用线建设，推动大宗货物及中长距离货物运输"公转铁""公转水"。推进港口、大型工矿企业大宗货物主要采用铁路、水运、封闭式皮带廊道、新能源和清洁能源汽车等绿色运输方式。统筹江海直达和江海联运发展，积极推进干散货、集装箱江海直达运输方式的发展，提高"水水中转"货运量。

提高运输组织效率。深入推进多式联运发展，推进综合货运枢纽建设，推动"铁水""公铁""公水"和空陆等联运发展。推进多式联运示范工程建设，加快培育一批具有全球影响力的多式联运龙头企业。探索推广应用集装箱模块化列车运输，提高多式联运占比。推动城市建筑材料及生活物资等采用"公铁水"联运、新能源和清洁能源汽车等运输方式。继续开展城市绿色货运配送示范工程建设，鼓励共同配送、集中配送、分时配送等集约化配送模式发展。引导网络平台道路货物运输规范发展，有效降低空驶率。

（三）降低交通运输发展的环境成本

只有通过多种手段不断降低交通运输发展的环境成本，才能发展绿色交通，让交通运输业更低碳、更绿色（见表7-6所示）。

表7-6 降低交通运输发展环境成本的三大策略

序号	具体策略
1	不断提高绿色交通治理能力，制定完善的绿色交通相关法律法规和政策标准，让绿色交通建设有法可依；优化交通运输环境监测手段、加大监测力度，提高人们在交通运输基础设施方面的环保意识，加快开展污染综合防治工作
2	优化交通运输行业的能源结构，不断提高新能源、清洁能源的比重，持续减少交通运输行业的碳排放总量，实现低碳交通目标
3	加快绿色交通相关技术的突破创新，不断提高交通运输装备的能效水平和运输效率；实现资源能源循环利用；加快构建城市智能交通网络，打破交通运输领域的"孤岛"现象，通过交通运输大数据资源的综合应用和跨部门共享促进绿色交通快速发展

在实践发展方面，深入推进京津冀及周边地区、晋陕蒙煤炭主产区运输绿色低碳转型。进一步加快推进港口、大型工矿企业"公转铁""公转水"，京津

冀及周边地区沿海主要港口的矿石、焦炭采用铁路、水运和封闭式皮带廊道、新能源汽车运输比例力争达到 70%。晋陕蒙煤炭主产区具有铁路专用线的大型工矿企业煤炭、矿石、焦炭等绿色运输比例大幅提升，出省运距在 500 公里以上的煤炭和焦炭铁路运输比例力争达到 80%。

（四）推广和发展新能源交通运输装备

加快新能源和清洁能源运输装备推广应用。加快推进城市公交、出租、物流配送等领域新能源汽车的推广应用，国家生态文明试验区、大气污染防治重点区域新增或更新的公交、出租、物流配送等车辆中新能源汽车比例不低于 80%。鼓励开展氢燃料电池汽车的试点应用工作。推进新增和更换港口作业机械、港内车辆和拖轮、货运场站作业车辆等优先使用新能源和清洁能源。推动公路服务区、客运枢纽等区域充（换）电设施建设，为绿色运输和绿色出行提供便利。因地制宜推进公路沿线、服务区等适宜区域合理布局光伏发电设施。深入推进内河 LNG 液化天然气动力船舶的推广应用，支持沿海及远洋 LNG 动力船舶发展，指导落实长江干线、西江航运干线、京杭运河 LNG 加注码头布局方案，推动加快内河船舶 LNG 加注站的建设，推动沿海船舶 LNG 加注设施建设。因地制宜推动纯电动旅游客船的应用工作。积极探索油电混合、氢燃料、氨燃料、甲醇动力船舶的应用。

促进岸电设施常态化使用。加快对现有营运船舶受电设施的改造，不断提高受电设施安装比例。有序推进对现有码头岸电设施的改造工作，使主要港口的五类专业化泊位，以及长江干线、西江航运干线 2000 吨级以上码头（油气化工码头除外）岸电覆盖率得到进一步提高。加强对低压岸电接插件国家标准的宣传和实施。《港口岸电设施运行维护技术规范》指出，加强对岸电设施的检测与运营维护工作。严格落实《中华人民共和国长江保护法》，修订《港口和船舶岸电管理办法》，加强对岸电的使用和监管，确保已具备受电设施的船舶在具备岸电供电能力的泊位靠泊时能够按规定使用岸电。

（五）大力推进交通污染深度治理

持续加强对船舶的污染防治工作。严格落实船舶大气污染物排放控制区各项要求，会同相关部门保障船用低硫燃油供应，降低船舶硫氧化物、氮氧化物、颗粒物和挥发性有机物等的排放量，适时评估排放控制区实施效果。推进船舶大气污染物监测监管试验区建设，加强对船舶污染设施设备的配备及使用情况的监督检查。持续推进港口船舶水污染物接收设施的有效运行，并确保与城市公共转运处置设施顺畅衔接，积极推进船舶污染物电子联单管理，提高船舶水污染物的联合监管信息化水平。严格执行长江经济带内河港口船舶生活垃圾免费接收政策。分级分类分区开展对 400 总吨以下内河船舶的防污染设施改造和加装工作。严格执行船舶强制报废制度，鼓励提前淘汰高污染、高耗能老旧运输船舶。

进一步提升港口污染治理水平。统筹加强对既有码头自身环保设施的维护管理以及新建码头环保设施的建设使用工作，确保其稳定运行，推进水资源循环利用。加快推进对干散货码头堆场防风抑尘设施建设和设备的配置工作。有序推进原油、成品油码头和船舶油气回收设施建设、改造及使用，完善操作管理规定和配套标准规范。提升水上化学品洗舱站的运行效果，鼓励西江航运干线布局建设水上洗舱站，提高化学品洗舱水的处置能力。

深入推进对在用车辆污染的治理工作。推动全面实施汽车排放检验与维护制度（I/M 制度），加快建立超标排放汽车闭环管理联防联控机制，强化对在用汽车的排放检验与维修治理工作。研究完善道路运输车辆燃料的消耗量限值准入制度。规范维修作业废气、废液、固废和危险废物的存储管理工作，推广先进维修工艺和设备，推进汽车绿色维修。

（六）以科技创新驱动交通运输发展

推进绿色交通科技创新。构建市场导向的绿色技术创新体系，支持对新能源运输装备和设施设备、氢燃料动力车辆及船舶、LNG 和生物质燃料船舶等的应用研究。加快对新能源汽车性能监控与保障技术、交通能源互联网技术、基础设施分布式光伏发电设备及并网技术的研究。深化交通污染综合防治等关键技术研究，重点推进对船舶大气污染和碳排放协同治理、港口与船舶水污染深度治理、交通能耗与污染排放监测监管等新技术、新工艺和新装备的研发工作。推进对交通廊道与基础设施生态优化、路域生态连通与生态重建、绿色建筑材料和技术等领域的研究。推进绿色交通与智能交通融合发展。推进交通运输行业重点实验室等建设，积极培育国家级绿色交通科研平台。鼓励行业各类绿色交通创新主体建立创新联盟，建立绿色交通关键核心技术攻关机制。

加快对节能环保关键技术的推广应用工作。加大已发布的交通运输行业重点节能低碳技术推广应用力度，持续制定发布交通运输行业重点节能低碳技术目录，重点遴选一批减排潜力大、适用范围广的节能低碳技术，强化对技术的宣传、交流、培训和推广应用工作。依托交通运输科技示范工程，强化节能环保技术集成应用示范与成果转化。

构建绿色交通标准规范体系。修订绿色交通标准体系，加强新技术、新设备、新材料、新工艺等方面标准的有效供给。在资源节约利用方面，制修订新能源车辆蓄电池、沥青路面材料和建筑垃圾循环利用等标准；在节能降碳方面，制修订营运车船和港口机械装备能耗限值准入、新能源和燃料电池营运车辆技术要求、城市轨道交通绿色运营等标准；在污染防治方面，制定修订港口、营运车船、服务区、汽车维修等设施设备污水、废气排放限值等标准；在生态保护方面，制修订公路、港口及航道等设施的生态保护等标准。

（七）完善合作机制，深化国际交流与合作

深度参与交通运输全球环境治理。深度参与国际海运温室气体减排谈判，主动提出中国方案，加强船舶低碳技术的国际合作，引导国际规则与国内发展目标对接，推动形成公正、合理的国际制度安排。

加强绿色交通国际交流与合作。巩固现有国际合作网络，继续发挥中美、中德、中日韩等双边或区域合作机制的作用，引导相关国家积极参与绿色交通发展的合作议题。依托联合国全球可持续交通大会等，宣传中国绿色交通发展理念，推动全球生态环境治理体系建设，推动中国的绿色交通标准国际化。

三、构建城市绿色轨道交通体系

交通网络是城市的"血液循环系统"，在很大程度上其决定着城市化进程和城市发展水平。面对城市化过程中带来的日益严峻的交通压力，我国要坚持绿色交通理念，将环境、资源等要素融入城市交通规划，积极借鉴国外先进的城市交通规划经验，构建适应新时代社会经济发展和公众需求的城市交通路网。虽然依托技术发展红利，我国的汽车排放环保水平和城市道路利用水平得到了大幅度提高，但是随着城市交通需求不断增加，上述城市交通问题并未得到彻底改善。因为仅从公众交通需求角度切入无法有效解决城市交通问题，所以必须从城市发展的宏观视角出发科学、合理、系统地解决与交通相关的问题，打造绿色交通网络。

轨道交通是一种环境友好型绿色交通，是解决长期制约我国城市发展的各类交通问题的有效路径。北京、上海、广州等大城市建成地铁和轻轨后获得的巨大交通效益已经充分证明了这一点，因此也吸引着越来越多的城市参与城市轨道交通建设。

（一）交通路网规划布局及优化

从总体上看，北京、上海、广州等国内大城市的交通路网规划普遍存在以下几大问题。

（1）城市在进行交通路网规划时很少考虑资源和环境因素，至多只是在评价系统中简单设置几个环境指标。这显然与绿色交通的发展理念不符，只有从路网规划开始就将资源投入、环境承载力等因素考虑进去，才能推动城市交通实现可持续发展。

（2）我国城市在规划城市交通路线时，更偏重采用主观分析的定性方法，整个规划过程只在客流量预测等少数环节运用定量技术，城市路线大多依据规划者的主观意愿和经验确定。然而随着城市快速发展，新的主客流方向必然会形成新的主干路线，导致整个城市路网零碎散乱，缺乏系统性和协同性，影响城市交通效率。

（3）国内城市普遍缺乏市郊轨道交通发展规划。随着城市规模快速扩大，市郊轨道建设势在必行，如日本东京等很多国外大城市早已开始这方面的布局。我国城市也应充分发挥在轨道交通建设方面的"后发优势"，将市郊轨道建设纳入整个城市轨道交通的发展规划中，构建可持续发展的现代城市轨道交通系统。

（二）城市轨道交通路网评价及优化

国内城市轨道交通建设的另一个问题是缺乏科学统一的评价指标体系，导致轨道交通规划缺乏明确的方向，具体表现在四个方面（如图7-3所示）。

（1）城市轨道交通路网的评价指标数目众多，缺乏统一明确的指标权重。这容易造成一定的偏差，偏差积累最终会导致实际结果与预期目标相去甚远。

（2）一些评价指标相互关联甚至重叠，影响了评估结果的准确性。如在广州市快速轨道交通路网规划的评价指标中，公交平均出行时间与公交平均出行车速两个指标高度关联，在很大程度上是对同一方面的衡量。

（3）一些评价指标难以量化，缺乏客观性、科学性。如促进土地合理开发利用、提高劳动生产率这类指标，属于偏重规划者主观认知和经验的定性分析，难以量化操作，从而影响了评估体系的科学性、客观性。

（4）当前，国内城市的轨道交通规划评价体系只是从交通需求本身出发，没有将舒适度、安全度、环境、噪声、污染等人为因素考虑在内，缺乏"绿色交通"理念。

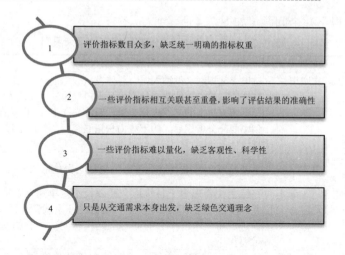

1　评价指标数目众多，缺乏统一明确的指标权重

2　一些评价指标相互关联甚至重叠，影响了评估结果的准确性

3　一些评价指标难以量化，缺乏客观性、科学性

4　只是从交通需求本身出发，缺乏绿色交通理念

图 7-3　城市轨道交通路网评价及优化存在的问题

　　加快构建绿色出行体系。因地制宜构建以城市轨道交通和快速公交为骨干、常规公交为主体的公共交通出行体系，强化"轨道+公交+慢行"网络融合发展。深化国家公交城市发展，提升城市轨道交通服务水平，持续改善公共交通出行体验。开展绿色出行创建行动，改善绿色出行环境，提高城市绿色出行比例。完善城市慢行交通系统，提升城市步行和非机动车的出行品质，构建安全、连续和舒适的城市慢行交通体系。

（三）绿色轨道交通路网规划

　　绿色交通作为一种全新的交通规划理念，除了满足民众日益增长的交通需求，还在"以人为本"基本理念的指导下将资源、环境等绿色因素充分考虑在内，为解决城市交通拥堵、环境污染、资源能源损耗过度等问题提供有效解决方案，最终以绿色交通系统促进整个城市实现可持续发展。借鉴伦敦、纽约、巴黎、东京四大国际都市的轨道交通发展经验，综合考虑我国城市轨道交通路网规划中的现状和问题，我国城市绿色轨道交通路网规划要遵循六大原则（见表 7-7 所示）。

　　新时代的城市交通网络规划要践行绿色交通发展理念，不仅要满足日益增长的城市交通出行需求，而且要通过大力发展轨道交通等公共出行方式减少私人交通工具的使用，从而有效解决交通拥堵、环境污染、资源能源损耗过度等城市交通问题，实现城市交通的"绿色性"，引导、推动城市交通向着可持续的良性方向发展。我国在建设绿色城市轨道交通的实践中要注意以下几个问题（如图7-4所示）。

表7-7　城市绿色轨道交通路网规划的六大原则

原则	具体内容
适应乃至超前城市总体发展规划	轨道交通规划必须纳入城市总体发展战略框架，规划者要深刻意识到轨道交通设施的建立与完善是人口集聚的巨大动力，而人口集聚又会带来更多的交通出行需求和新的交通走廊，因此在轨道交通规划中要充分考虑后续的承载力和拓展空间，注重轨道交通发展的可持续性
充分考虑轨道交通带来的环境影响	主要是噪声污染、震动等影响周边居民生活质量的环境问题
轨道交通路网布局走向与城市整体发展方向相契合	在绿色交通理念下，轨道交通建设不是单纯地解决城市交通问题，而是要作为城市重要的"血液循环系统"引导城市发展，对促进城市从单一中心的同心圆结构转向多中心的发展格局具有重要作用
构建高效对接的换乘系统	轨道交通与道路交通、城际铁路等其他交通方式共同构成立体化的现代城市综合交通网络，该网络与其他交通工具的衔接协同程度直接影响着轨道交通乃至整个城市交通系统的运行效率
尽量避免在繁华的城市中心区域建设地面的高架线路	一方面，市中心人口密集，若建设高架容易扰民；另一方面，城市中心区的高层建筑比较多，若建设高架会加重污染，不利于污染物扩散，影响居民生活质量
将旅游需求纳入规划	随着越来越多的城市大力发展旅游业等第三产业，轨道交通规划必须充分考虑不断增长的城市旅游需求，将特色旅游景点纳入轨道交通路网覆盖范围，增强城市轨道交通的可持续发展能力

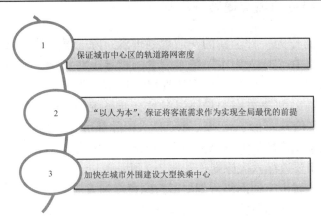

图7-4　建设绿色城市轨道交通需要注意的三大问题

（1）保证城市中心区的轨道路网密度。如果城市中心区轨道路网密度不够，居民乘坐不方便，轨道交通就会失去对乘客的吸引力，导致客流转向其他交通工具。例如，巴黎、伦敦、纽约三大国际都市中心区轨道路网密度分别为每平方公里 2.97 公里、2.56 公里和 3.17 公里，我国青岛在 2010 年进行城市轨道交通规划时要求中心区的轨道路网密度达到 1.2 公里/平方公里。

（2）"以人为本"，将保证客流需求作为实现全局最优的前提。在进行线路优化时，不能只从轨道交通路网全局最优的角度出发，而是要充分考虑客流需求，采取局部优化与整体优化相结合的方法。

（3）加快在城市外围建设大型换乘中心。将市中心的长途汽车站、火车站迁移到外围，一方面，可以减少市中心的外来车辆，将更多客流引向轨道交通等公共交通工具，以缓解城市中心区域的交通压力；另一方面，也可以直接利用原有的铁路线作为中心区域的轨道交通线路，以降低轨道交通的建设成本。

第三节　完善我国绿色交通制度保障体系

党的十九大提出，将建设生态文明作为中华民族永续发展的长久之计，这为我国迈向发展的新阶段指明了方向。绿色交通是贯彻落实国家生态文明建设和绿色发展的具体行动，是全面建成小康社会的积极实践，是交通运输业发展"四个交通"战略的组成部分，是推进交通运输业现代化的重要引擎。发展绿色交通需要政策的保驾护航。法律作为调整社会关系的有力方式，是实现绿色发展、人与自然同命运共呼吸的有力保障。目前，我国法律在保障绿色交通体系方面存在以下问题：①我国在研发环节税收优惠形式单一；②我国财政补贴和补贴方式效率低；③防治机动车尾气污染制度的燃油标准滞后、淘汰报废制度规定过于原则化；④机动车尾气监测监管体制不健全；⑤我国双积分措施法律的权利交易机制设计不成熟，组织与监督成本高。对此，笔者在学习借鉴国内外绿色交通发展实践成果的基础上，提出了一些建议。

一、健全新能源汽车税收与财政补贴法律保障

（一）完善对生产者的税收优惠法律

一般整车的生产要历经理论研发、产品试验与市场推广三个阶段，良好的税收优惠法律只有涵盖汽车制造的整个过程，才能促使企业解决研发

生产的难题。目前，我国对新能源汽车企业的税收优惠不能仅仅局限于所得税这一种税种上，还应该包括增值税与消费税等流转税。

自 2016 年 5 月 1 日起，我国全面实行营业税改成增值税，但是在营业税改为增值税之前取得的无形资产并没有给予企业可以抵扣的税额。虽然新能源汽车企业的无形资产是其发展的重要资产，但是在其取得时并不能获得抵扣进项税。因此，笔者建议针对此前没有增值税发票证明的无形资产，可以借鉴我国对农产品免税的规定，采用 11% 进项税扣除率以折抵购买无形资产时的价款。此外，笔者还建议降低新能源汽车零配件生产销售企业的增值税，采用 11% 的税率，通过降低生产者的压力来提高新能源汽车企业研发、生产和推广的积极性。

针对当前我国新能源汽车行业在申请税收优惠时存在程序繁杂的问题，也针对一些企业在顺利完成税收优惠上存在的问题，因为当前我国税收优惠法律并没有专门针对该行业的税收优惠办法，所以政府应该有针对性地设计税收优惠申请的流程，使企业及时享受到国家对其的扶持政策，提高其节能环保落实绿色交通建设的积极性。

（二）丰富税收激励方式

我国可以借鉴国外税收优惠的方式，创新税收激励方式，从研发生产到购买使用的整个阶段，可以通过对不同环节采取相应的税收优惠方式来更好地发挥税收的刺激作用。除了直接的税收减免，还可以在以新能源为发展目标的交通产业在向银行申请贷款时降低其贷款利率，在缴纳相关保险时有针对性地进行税收优惠，在新能源税收的管理上采用多种方式来激励交通业清洁生产、使用可再生与可代替能源，从源头上防止环境污染与节约能源，从而加快建设绿色交通的速度。

（三）完善财政补贴监管机制

科学有效的监管机制是保证财政补贴法律发挥其应有作用的关键，加强监督有助于提高行政机关执法水平。我国新能源汽车补贴监管机制存在很多问题，因此，如果要落实国家财政补贴保障实现绿色交通的目的，就要完善财政补贴监管机制。

新能源汽车财政补贴是国家发展绿色交通的一项重要激励措施，也是法律保障绿色交通目标得以实现的重要体现。因此，如果政府要保证财政补贴能真真正正扶持新能源交通产业，就需要从以下几个方面去完善机制。第一，明确监督的内容和监督对象；第二，设置补贴实施的信息披露机制，建立面向社会的第三方监察机制，采用立法的形式来确立信息披露机制和第三方监察机制；第三，建立责任机制。从客观上来说，我国新能源汽车补贴的预算决算仍处于"全过程无责"状态，这使得对新能源产业补贴的专项资金利使用也容易出现问题。政府应建立新能源产业补贴的"可问责"制度，在预算决算过程中的违法者必须要切实承担相应的法律责任，而监督者和责任追惩主体可以通过监督、诉讼和惩罚机制来追究其责任。

（四）丰富财政补贴激励方式

目前，我国中央和地方一般都采取直接补贴的方式，即以扣除中央或者地方补贴额后的价格将新能源汽车出售给消费者。山西省地方法规依据行驶里程来拨付补贴额，即不超过 2 万公里的，上牌后，预拨 50%省级营销补贴；超过 2 万公里的，直接拨付。第一，我国可以借鉴美国和总结我国山西省财政补贴的方式，对消费者的补贴按照汽车单位燃油行驶里程数来计算；第二，借鉴美国联邦政府与州政府发挥补贴政策之间互补的功能，我国可以实现中央和地方的有机配合，从而可以最大限度地发挥政府财政补贴的帮扶作用；第三，借鉴法国优惠置换的方式，即消费者如果把传统燃油车更换为新能源汽车，可以给予其一定数量的补贴。多种财政补贴方式可以更好地满足消费者的实际需求，从而提高补贴的效率，刺激消费者购买新能源汽车的心理，更好地发挥法律的激励和指引作用。

二、提高防治机动车尾气污染制度的可操作性

（一）提升燃油质量标准的制定

燃油标准是机动车尾气污染防治中的关键一环，制定高标准的燃油标准是提高燃油品质和鼓励机动车使用清洁能源的重要一环。制定法律层面的标准有利于实现法律稳定性与灵活性的统一。鉴于目前解决机动车快速增长带来的环境压力和健康问题，政府应制定严格的机动车燃油标准，这可以有效地控制机动车污染物的排放，从而为构建低碳环保的绿色交通体系提供法律保障。

为解决全球能源资源短缺与日益恶化的环境问题，各个国家开始注重用法律来保障交通运输业朝着绿色方向发展。为此，针对机动车的尾气污染问题，各个国家都加强了对燃油标准的控制，制定了比较严格的燃油标准。

首先，规范燃油标准制定主体。目前，我国制定机动车燃油质量标准的制定主体多来自石油化工行业，在制定标准的过程中难免会出现保护自身利益的倾向，因此在目前构建生态文明建设的大背景下，制定机动车燃油标准的主体应由国家生态环境部会同交通部门、工商部门、质检部门等部门，这样既避免了制定主体的利益倾向，又加强了标准的科学性与合理性。其次，严格实施机动车燃油标准。机动车燃油标准的制定要与机动车尾气排放标准相匹配，不能出现两者不同步的尴尬局面。加强燃油标准的强制执行力，成立专门的监测监督小组对机动车用油进行检测监督，同时，严格实施对机动车燃油标准涉及的发动机、燃油机、排放等技术与信息的公开。最后，强化对清洁燃料与添加剂的管理。对燃料生产商在对相关燃料与添加剂登记时不按规定登记的，根据违法行为的轻重予以责令改正、罚款等处罚，从而改变机动车燃油标准滞后于机动车生产标准的状况。

（二）完善机动车报废的回收利用环节

虽然为贯彻落实我国《报废汽车管理办法》和《道路交通安全法》关于机动车淘汰报废的相关规定，我国制定了《机动车强制报废标准规定》《打赢蓝天保卫战三年计划》，并于 2018 年修订了《大气污染防治法》，但依然存在报废机动车注销登记率低、报废机动车被再利用的现象。为此，提出以下几点建议来促进完善我国过于原则化的机动车淘汰报废制度。

（1）完善组织保障。我国可以建立以政府牵头、多部门协调配合的工作机制，从而加强对报废机动车的监督管理。

（2）创新处罚方式。针对我国目前机动车报废制度责任主体缺失的现状，我国其他省市可以借鉴 2018 年修订的《北京市大气污染防治条例》，参照对驾驶排放检验不合格的车辆驾驶人予以处罚的罚则，加大违法成本，落实机动车强制淘汰报废的制度；还可以借鉴北欧国家机动车报废押金制度，即在机动车达到报废标准的前一年缴纳保险时，适当缴纳一定的金额，等机动车所有人依法报废机动车后再返还，从而促使机动车所有人按法律规定的要求报废机动车。

（3）提高机动车报废回收的补贴标准。这样可以有效防止已经达到报废标准的机动车违法交易再次进入市场流通，也可以减轻机动车所有者因报废机动车而带来的心理负担，从而减轻执法部门的工作压力。

（三）协调机动车尾气检测各部门的监管权限

首先，因为我国的机动车尾气检测执法涉及环保、公安、交通、质检等多个部门，所以应当加强环保部门与其他多个部门之间的工作协调管理，严格按照《机动车环保检验机构管理规定》开展机动车尾气检测的相关工作。开展"区域性联防联控"工作机制，定期进行尾气检测，加强检测技术方法的创新，适当控制检测机构的数量规模以便于监管。政府可以借鉴国外机动车尾气排放的检测维护制度的相关经验来规范监管的流程，增加具体监管的可操作性。如美国1968年修订的《清洁空气法》中就机动车尾气排放问题形成了较为完善的制度体系，对新机动车车辆的排放实施严格的排放标准，并规定联邦环保局在任何类型的机动车生产前都要对其进行尾气排放标准检测，合格的将颁发合格证，不合格的需要重新设计和修正。日本在防治机动车尾气污染物排放上，不仅作出了原则性的规定，而且授权地方制定实施细则，提高了法律的效力。日本对机动车尾气排放的检测半年一次，要求每次检验不能超过标准，而且每季度的污染物平均值也不可以超过限值。具体可操作的法律规范是落实机动车尾气检测的前提。

（四）严格对油品质量的全过程监管

按照国家从2017年到2019年车用油的阶段性规定，2017年初供应国Ⅴ标准车用汽油，2018年初供应与国Ⅴ标准柴油相同硫含量的普通柴油，2019年1月1日全国全面供应国Ⅵ标准车用油。我国应该加强对油品质量的监管，尽快明确国家关于国Ⅵ标准油品炼油装置改造方案的时间表，加速淘汰炼油行业落后产能企业。在成品油市场监管体系方面，把握油品质量的专项监察力度是关键环节，执法人员应当依法查处违法违规的行为，加大执法力度与违法的惩罚力度，为油品质量的升级提供公平有序的市场竞争环境。

针对油品经营市场混乱的现象，我国可以借鉴发达国家的相关经验，如美国在成品油质量监管上建立了较为完备的监管体系，一方面，对汽油、柴油和煤油的品质制定严格的标准；另一方面，联邦政府、州政府以及第三方检测机构对油品生产商、销售商与进口商等从生产者生产到消费者使用的各个环节进行严格的监督管理。我国可以借鉴美国对生产油品进行登记、不定期检查、质量检测结果上报、实施严厉的惩罚措施等方法，加强对油品市场的监管。

参 考 文 献

[1] 刘思华. 可持续发展经济学[M]. 武汉：湖北人民出版社，1997.

[2] 钱易，唐孝炎. 环境保护与可持续发展[M]. 北京：高等教育出版社，2000.

[3] 山仑，黄占斌，张岁岐，等. 节水农业[M]. 北京：清华大学出版社，2009.

[4] 尚玉昌，蔡晓明. 普通生态学[M]. 北京：北京大学出版社，2000.

[5] 刘思华. 绿色经济论：经济发展理论变革与中国经济再造[M]. 北京：中国财政经济出版社，2001.

[6] 张兵生. 绿色经济学探究[M]. 北京：中国环境科学出版社，2005.

[7] 李雨潼. 我国资源型城市经济转型问题研究[M]. 长春：长春出版社，2008.

[8] 张叶，张国云. 绿色经济[M]. 北京：中国林业出版社，2010.

[9] 陈银娥. 绿色经济的制度创新[M]. 北京：中国财政经济出版社，2011.

[10] 柯水发. 绿色经济理论与实务[M]. 北京：中国农业出版社，2013.

[11] 陈建成，田明华. 绿色经济与林业发展论[M]. 北京：中国林业出版社，2013.

[12] 郑永琴. 资源经济学[M]. 北京：中国经济出版社，2013.

[13] 高红贵. 绿色经济发展模式论[M]. 北京：中国环境出版社，2015.

[14] 盛馥来，诸大建. 绿色经济：联合国视野中的理论、方法与案例[M]. 北京：中国财政经济出版社，2015.

[15] 赵辉. 资源型经济运行机制与转型研究[M]. 北京：经济科学出版社，2015.

[16] 高裴勇. 经济高质量发展理论大纲[M]. 北京：人民出版社，2020.

[17] 刘琪. 智慧能源与碳中和[M]. 西安：西安电子科技大学出版社，2021.

[18] 袁志刚. 碳达峰·碳中和：国家战略行动路线图[M]. 北京：中国经济出版社，2021.

[19] 杨涛，杜晓宇. 绿色金融：阻力碳达峰、碳中和[M]. 北京：人民日报出版社，2021.

够，居民乘坐不方便，轨道交通就会失去对乘客的吸引力，导致客流转向其他交通工具。例如，巴黎、伦敦、纽约三大国际都市中心区轨道路网密度分别为每平方公里 2.97 公里、2.56 公里和 3.17 公里，我国青岛在 2010 年进行城市轨道交通规划时要求中心区的轨道路网密度达到 1.2 公里/平方公里。

（2）"以人为本"，将保证客流需求作为实现全局最优的前提。在进行线路优化时，不能只从轨道交通路网全局最优的角度出发，而是要充分考虑客流需求，采取局部优化与整体优化相结合的方法。

（3）加快在城市外围建设大型换乘中心。将市中心的长途汽车站、火车站迁移到外围，一方面，可以减少市中心的外来车辆，将更多客流引向轨道交通等公共交通工具，以缓解城市中心区域的交通压力；另一方面，也可以直接利用原有的铁路线作为中心区域的轨道交通线路，以降低轨道交通的建设成本。

第三节 完善我国绿色交通制度保障体系

党的十九大提出，将建设生态文明作为中华民族永续发展的长久之计，这为我国迈向发展的新阶段指明了方向。绿色交通是贯彻落实国家生态文明建设和绿色发展的具体行动，是全面建成小康社会的积极实践，是交通运输业发展"四个交通"战略的组成部分，是推进交通运输业现代化的重要引擎。发展绿色交通需要政策的保驾护航。法律作为调整社会关系的有力方式，是实现绿色发展、人与自然同命运共呼吸的有力保障。目前，我国法律在保障绿色交通体系方面存在以下问题：①我国在研发环节税收优惠形式单一；②我国财政补贴和补贴方式效率低；③防治机动车尾气污染制度的燃油标准滞后、淘汰报废制度规定过于原则化；④机动车尾气监测监管体制不健全；⑤我国双积分措施法律的权利交易机制设计不成熟，组织与监督成本高。对此，笔者在学习借鉴国内外绿色交通发展实践成果的基础上，提出了一些建议。

一、健全新能源汽车税收与财政补贴法律保障

（一）完善对生产者的税收优惠法律

一般整车的生产要历经理论研发、产品试验与市场推广三个阶段，良好的税收优惠法律只有涵盖汽车制造的整个过程，才能促使企业解决研发

生产的难题。目前，我国对新能源汽车企业的税收优惠不能仅仅局限于所得税这一种税种上，还应该包括增值税与消费税等流转税。

自 2016 年 5 月 1 日起，我国全面实行营业税改成增值税，但是在营业税改为增值税之前取得的无形资产并没有给予企业可以抵扣的税额。虽然新能源汽车企业的无形资产是其发展的重要资产，但是在其取得时并不能获得抵扣进项税。因此，笔者建议针对此前没有增值税发票证明的无形资产，可以借鉴我国对农产品免税的规定，采用 11% 进项税扣除率以折抵购买无形资产时的价款。此外，笔者还建议降低新能源汽车零配件生产销售企业的增值税，采用 11% 的税率，通过降低生产者的压力来提高新能源汽车企业研发、生产和推广的积极性。

针对当前我国新能源汽车行业在申请税收优惠时存在程序繁杂的问题，也针对一些企业在顺利完成税收优惠上存在的问题，因为当前我国税收优惠法律并没有专门针对该行业的税收优惠办法，所以政府应该有针对性地设计税收优惠申请的流程，使企业及时享受到国家对其的扶持政策，提高其节能环保落实绿色交通建设的积极性。

（二）丰富税收激励方式

我国可以借鉴国外税收优惠的方式，创新税收激励方式，从研发生产到购买使用的整个阶段，可以通过对不同环节采取相应的税收优惠方式来更好地发挥税收的刺激作用。除了直接的税收减免，还可以在以新能源为发展目标的交通产业在向银行申请贷款时降低其贷款利率，在缴纳相关保险时有针对性地进行税收优惠，在新能源税收的管理上采用多种方式来激励交通业清洁生产、使用可再生与可代替能源，从源头上防止环境污染与节约能源，从而加快建设绿色交通的速度。

（三）完善财政补贴监管机制

科学有效的监管机制是保证财政补贴法律发挥其应有作用的关键，加强监督有助于提高行政机关执法水平。我国新能源汽车补贴监管机制存在很多问题，因此，如果要落实国家财政补贴保障实现绿色交通的目的，就要完善财政补贴监管机制。

新能源汽车财政补贴是国家发展绿色交通的一项重要激励措施，也是法律保障绿色交通目标得以实现的重要体现。因此，如果政府要保证财政